近代中日關係史料彙編

偽組織的建立與各國態度

Historical Documents on Modern Sino-Japanese Relations

The Creation of the Puppet Chinese Governments
and the International Response

近代中日關係史料彙編
總序

呂芳上
民國歷史文化學社社長

一

　　日本是中國的近鄰，也是強鄰，中日之間一衣帶水，本應唇齒相依，共營孫中山的大亞洲主義，互助互榮；也大可以在一念之間，分出蔣介石所規勸的敵乎友乎，和睦共處，以臻東亞大同境界。但日本國力強大之後，不此之圖，選擇走向侵略、走向戰爭，對鄰邦由蠶食而鯨吞，結果釀成的是你傷我殘的悲劇。

　　中日關係的發展，遠的不提，辛亥革命時，日本原有干涉意圖不果，改採兩面外交，著重者在滿洲特殊權益。1914 年一戰爆發，次年日方即向袁政府提出二十一條要求，嚴重妨礙中日正常外交的推進。二十一條交涉甫告段落，日本又為洪憲帝制，蛇鼠兩端，迫得袁世凱含恨以終。其後復對北洋政府在參戰、借款問題及和會、山東問題上，施其詭譎伎倆，導致五四運動的發生。1921 年的華盛頓會議，九國公約中，日本雖在特殊利益上，沒獲多大斬獲，但日本遍及東北、華北的軍事部署，其有恃無恐、肆意在華

擴張的野心,已相當明顯。

1926 年,在南方的國民革命軍,揮師北指,很快的統一中國,這不是對中國抱持野心的日本所樂見的事,於是中日關係走入新的階段。

二

1920 年代初期,在南方的國民黨勢力崛起,1926年國民政府開府廣州,接著北伐,1927 年定都南京,於是中國對內、對外新局面形成。1927 至 1952 年間,自北伐後中日談判重訂關稅、出兵山東開始,中經九一八、上海事件、華北事變、蘆溝橋事變,以迄戰爭結束、簽訂和約,具見日本以強國步步進逼,盛氣凌人,中國則以弱勢對應,先是退讓、容忍,終以干戈相見,最後日本以敗戰自食惡果。

1961 年,逢中華民國建國五十年,民間各界特別組成「中華民國開國五十年文獻編纂委員會」,負責出版各類叢書,其中之一是 1964 年至 1966 年以「中華民國外交問題研究會」為名編印之《中日外交史料叢編》一套九種。這套《叢編》基本上以國民政府外交檔案為主,北京政府外交檔案為輔編成。雖不能對兩國從文爭到武鬥的材料,作鉅細靡遺的羅列,但對兩國關係的重大起伏,實已提供學界深入研究的基礎史料。本社鑒於這套《叢編》對近代中日關係具有很高的史料價值,除聘請學者專家新編「華北事變」資料專輯附入外,特別以《中日外交史料叢編》九種為基礎,重新增刪並編輯匯成《近代中日關係史料彙編》

（以下簡稱《彙編》），以方便學界利用。

三

　　這套《彙編》，共含十五個主題概分為十七冊，包含約四千種文獻、三百萬字：一、《一九三〇年代的華北特殊化》本社最新輯編本，分三冊，由黃自進、陳佑慎、蘇聖雄主編，除利用外交部檔案外，並加入國史館庋藏之蔣中正總統文物相關史料。主要內容，包括長城戰役與塘沽協定（1933）、通航、通車、通郵交涉（1934）、華北特殊化與華北自治運動（1933-1935）、河北事件與南京政府退出華北（1935）、宋哲元與冀察政權（1935）、中日國交調整（1933-1935）、全面戰爭的前奏（1936）等，這三本資料集希望以豐富史料，重新探索1930年代中日、內外各方勢力競逐下的華北問題。二、《國民政府北伐後中日外交關係》19世紀中葉以後，西方勢力進入中國，因國力懸殊，中國頓成列強瓜分角逐場所，不平等條約既是帝國主義勢力的依憑，也是中國近代民族主義油然而生的根由。廢除不平等條約既是國民革命目標，北伐後爭取國際地位平等是國民政府外交努力的方向，也是中國與列強爭執的焦點。這本資料集可以看出中日雙方為長期的、偶發的政策或事件，形成外交角力的過程。主要內容有：國民政府定都南京後外交政策宣言（1927）、日本退還庚款及運用交涉（1929-1931）及中日重訂關稅協定（1926-1935）、

萬寶山事件與中村事件（1931-1932）均與日本有關。
三、《國民政府北伐後中日直接衝突》北伐進行過程
中，發生若干涉外事件，本冊所輯南京事件（1927-
1934）、漢口事件（1927-1931）、日本第一、二次
出兵山東（1927-1929）、。四、《九一八事變的發
生與中國的反應》侵略滿蒙，進而兼併中國，是日本
大陸政策的目標，甲午戰爭、日俄戰爭均是向外擴張
的北進政策，1931年的瀋陽事變是日本北進的高峰，
更是二次大戰前奏。當時政府為應付嚴重變局，特在
中央政治會議內成立「特種外交委員會」，自1931年
9月至12月，共召開五十九次會議，本冊收錄了這一
重要會議的會議紀錄。五、《九一八事變後日本對華
的破壞與侵逼》九一八事變之後，日本侵華腳步未曾
停止，所謂「得寸進尺」差可形容，本冊所輯資料，
重在日軍繼續挑釁（1932-1933）、日軍暴行與中國
損失（1931-1933）、日本在東北破壞中國行政權完
整（1932）。六、《日軍侵犯上海與進攻華北》1932
年，日本藉口上海排斥日貨，嗾使日本浪人及海軍陸
戰隊滋事，毆人縱火、殺死華警。上海市府提出抗
議，日領反稱日本和尚五人被毆，提出反抗議，要求
中方道歉、賠償、懲兇、制止反日行動。1月28日，
日方迫令中國軍隊退出閘北，隨即向中方開火，是為
淞滬戰役。歷時月餘，5月初始成立停戰協定。事實
上，九一八事變後，日軍節節進迫，進攻熱河，侵擾
察冀，無底於止；中方則忍辱負重，地方飽受戰火蹂
躪，中央遭受輿論撻伐，中日關係瀕臨破裂。本資料

集收錄日軍侵犯上海之一二八事變（1932）、進犯熱
河（1932-1935）、侵擾察冀及河北事件致有「塘沽
協定」，及所謂「何梅協定」（1933-1935）等文件
的簽訂。七、《蘆溝橋事變前後的中日外交關係》廣
義的第二次中日戰爭，始於1931年九一八事變，止於
1945年日本投降。十四年間又可分為兩階段：九一八
至七七（1931-1937）中國是屬備戰、局部抵抗時期，
日方是侵犯、挑釁期；七七之後中國是全面抗戰，日
方則陷入戰爭泥沼期。前六年中日關係有戰有和，中
方出於容忍、訴諸國際調停者多，後八年中方前四年
獨立作戰，後四年與盟國協同作戰，對內對外，對敵
對友的諸多交涉，交件中充分顯示戰前與戰爭外交的
複雜面貌。本冊主要內容包含：（一）七七事變前
的中日交涉（1934-1937），涉及廣田三原則、共同
防共及滿洲國承認問題。（二）事變前日方的挑釁
（1934-1936），又包括藏本事件、香河事件、成都事
件、日人間諜行為等。（三）從七七到八一三（1937-
1938），指的是全面抗戰爆發前後的中日衝突，例如
蘆溝橋事變的發生、交涉、日本中國撤僑、八一三虹
橋事件及戰事發展等。八、《蘆溝橋事變發生後中國
向國際的申訴》七七事變後中日軍事衝突加劇，但鑒
於雙方勢力懸殊，中國仍寄望透過國際干涉以制止日
本侵華野心。本冊文件集中在中國向國聯控訴日本侵
略（1937）。內容包括是年9月13日中國向國聯提出
對日控訴始末。其間涉及國際間聲援、九國公約會議
種種相關資料。九、《滿洲國的成立與國聯對日本侵

華的處理》1931 年九一八事變後，因國聯不能有效制裁日本的侵略行動，日本乃放膽實施侵吞中國計畫，一方取速戰速決之策，以亡中國；一方為掩人耳目，實行以華制華之計，製造傀儡組織。1932 年滿洲國之成立到1938 年扶植汪偽，均此之圖。本集主要內容有偽滿洲國的成立經過（1932-1935）；中國控訴、國聯之處理（1931-1933）。十、《偽組織的建立與各國態度》本冊文件集中在華北自治問題（1935-1937）及南京偽政權（1938-1943）之醞釀與成立。十一、《抗戰時期封鎖與禁運事件》戰爭發生後，可注意的事有三，一是受戰爭影響的敵境及海外華人權益維護問題、敵僑處理及外僑保護，二是敵人對鄰近地區的禁運、控制，三是盟國以自身利益出發的措施如何影響中國。大抵言之，國民政府與同盟國結盟，提升了國際地位，也保障戰後國際角色的演出。不過，同盟關係也有摩擦和困擾，例如美國中立法案（1939-1941）、英國封鎖緬甸運輸通路（1940）對中國造成的損害。本集資料內容即包括：一、戰時中國政府的護僑、護產措施；二、日本對東南亞的控制，如越南禁運、封鎖緬甸、控制泰國；三、美國中立法案、禁運法案及與日使野村談判；四、1940 到1945 年間日蘇關係的轉變等。十二、《日本投降與中蘇交涉》1945 年8 月14 日，日本投降，上距七七有八年，距九一八為時十四年，距甲午之戰五十一年，「舉凡五十年間日本所鯨吞蠶食於我國家者，至是悉備圖籍獻還。全勝之局，秦漢以來所未也」。中國戰勝意義自是重

大，但蔣中正委員長在當天廣播中，則不無憂慮的指
出：「抗戰是勝利了，但是還不能算是最後的勝利。」
顯然國共關係惡化、戰犯處置之外，東北接收與中蘇
交涉等棘手問題，均將一一出現。本集資料重在日本
投降經過，接收東北、接收旅大與中蘇交涉，張莘夫
被害案（1945-1947）。十三、《戰爭賠償與戰犯處
理》包含1943年同盟國準備成立戰爭罪行調查會至
1948年中國戰犯處理委會工作報告相關文件。十四、
《金山和約與中日和約的關係》交戰雙方和約簽訂，
戰爭才算結束。中華民國對日和約，遲至1952年日
降後六年又八個月才在臺北簽字，原因涉及戰後中國
變局。1945年日本敗降，1949年12月，中國共產黨
勢力席捲大陸，中華民國政府退守臺灣，這時蘇聯在
東亞勢力擴張，國際局勢鉅變，戰勝的中、美、英、
蘇、法五強，對東亞新秩序的建立，有複雜考量，同
盟52國在舊金山召開對日和會，直到1951年9月8日，
才有蘇、波、捷之外的49國參與簽訂的金山和約。
當時中華民國未獲邀參加，次年（1952）4月28日在
臺北正式簽訂中華民國對日和約，結束了中華民國與
日本的戰爭狀態。由於戰後美國在東亞扮演舉足輕重
的角色，因此也可看到中、美、日三方外交穿梭的足
跡。本集資料主要有一、中國對金山和約立場表示
（1950-1952）與金山和約的簽訂；二、中日雙邊和約
前的籌議，包括美方意向、實施範圍、中日雙邊交涉
及名稱問題的討論。十五、《中華民國對日和約》二
戰結束後，冷戰接踵而來，1949年後中國形成一國兩

府的分裂局面，蘇、英、美對誰能代表中國與日本簽訂和約有分歧看法，1950年韓戰爆發，英、美獲得妥協，同盟國對日舊金山和會不邀中國參加，在美方折衝下，日本決定與中華民國政府商訂雙邊條約。1952年2月，日代表河田烈與中華民國外交部長葉公超在臺北磋商，最後雙方簽訂「中華民國與日本國間和平條約」，雙方互換大使，直到1972年9月，遷移臺灣的中華民國政府與日本維持了約二十年的正式外交關係。這本資料集彙聚雙邊和會的一次籌備會、十八次非正式會議及三次正式會議紀錄，完整呈現整個會議自籌備至締約的過程，史料價值極高。

四

如果說抗日戰爭是八年，那麼九一八後的六年是中國忍氣吞聲、一再退讓的隱忍時期，七七事變應是中國人吃盡苦頭、退無可退的情況下，為求生存而奮起的開端，此後的九十七個月，在烽火下的中國百姓，過的何止漫漫長夜。八年中前五十三個月，中國孤軍奮鬥，後四年才有盟軍並肩作戰，其間大小戰鬥無數，國軍確實是勝少敗多，即使勝利前多，說國命堪危也不為過。這次戰爭，日本固然掉入難以自拔的泥潭，中華民國政府也在獲得遍體鱗傷的「皮洛式勝利」（Pyrrhic Victory）後，隨即江山易色，勝利者反變成另一場戰爭的失敗者，其後政局的演變，似乎不容易給史家，從容寫出恰如其份的抗戰史來。

1970到1990年代，中研院近史所曾利用庫藏外

交部檔案，出版過民國時期「中日關係史料」十五種
二十一冊，選題時間範圍只限於北京政府時期（1912-
1928）。本社出版這套《彙編》，正好延續了其後國
民政府的時段。這個時段提供了局面更為複雜的交
涉、戰鼓不斷、煙硝不熄的中日關係發展史料。

　　有了新史料，就會有新議題，就可期待史家新研
究成果的出現。我們出版史料的初衷是如此。

編輯凡例

一、本書原件為俗體字、異體字者，改為正體字；無法
　　識別者，則以□符號表示；挪抬及平抬一律從略。

二、本書排版格式採用橫排，惟原文中提及如左如右
　　等文字皆不予更改。

三、本書依照原件，原文中提及「偽」、「逆」等文
　　字皆不予更改。

四、以上若有未盡之處，敬祈方家指正。

目錄

第一章

各國對日本侵略所持之態度

第一章　各國對日本侵略所持之態度

第一節　美國對滿洲問題的態度

一　同情國聯對滿立場並表關切

容揆華盛頓來電

民國二十年九月二十四日

南京外交部。頃聞美外交總長已覆國際聯合會，十分同情該會行政院對於滿案，表示並將照會中日兩政府停止軍事行動，謹聞。揆。二十三日電。

容代辦來電

民國二十年九月二十五日

美國務院深恐由北平轉致遲延時日，請揆將下開節略轉遞鈞部。駐日美國公使本日奉訓令，將同樣之文書分別轉致於中、日兩國外交部長，文曰：「美國政府及人民對於前數日間滿洲事件表示遺憾，並甚為懸念。美國政府鑒於美國人民誠心願望國際關係以和平之原則及方法為主重，並鑒於某某各條約之存在，此種條約內中規定用意在於不用武力以圖解決各國間之爭端，各該條及中間有數約，美國亦為締約之一方，深感對於中日兩國政府應表示美國政府願望，中日兩國政府轉飭各該國軍隊避免再有軍事行動，對於各該國軍隊取一種之處置，俾得滿足國際法及國際協定之需求，並停止一切活動足以

妨礙達到友誼解決兩國爭端之方法者」等語。容挨。九
月二十日。

復美政府通告

民國二十年九月二十七日

中國政府昨日午後接准美國政府交由駐華美國公使自北
平遞到關於中國此次事變之通牒，美國政府及人民對於
因日本軍隊之行動在中國所釀成之事變，深為關切，因
是希望中日間之關係如其他文明各國間之關係，應適用
和平之原則及辦法，而不訴諸武力一節，中國政府及人
民頗為欣感。中國政府深信美國政府於分致通牒於中、
日政府之際，受熱誠願望之驅使，欲以締約國一份子之
資格維持國際條約；尤其一九二八年在巴黎簽訂之非戰
公約之尊嚴，各該條約拘束各締約國於彼此關係間不採
用戰爭，而採用和平方法也。

此次日本軍隊侵略行動之結果，我國領土為其侵入，我
國城市為其佔領，並有為其劫掠者，我國官員及無辜人
民為其侮辱傷斃，且當美國政府分致同樣通牒於中、日
政府勸告制止武力行動之日，中國裝載難民之北寧路客
車尚為日本軍事飛機以炸彈、機關槍攻擊，傳斃者甚
多，是日本政府雖聲明採取一切方法以免事變愈趨嚴
重，並將軍隊自佔領區域立即撤回，然日本軍隊仍有此
種新發生之戰爭行動，雖處此情勢之下，而中國全體人
民猶受訓告，維持鎮靜嚴肅，蓋深信在維持和平之國際
條約尊嚴原則之下，違約國家在全體文明國家之前，將
完全伏其暴戾舉動之罪也。

當此國際公法、國際條約橫遭蹂躪之際，除日本立即撤兵，完全退出佔領區域，予被害方面即中國政府及人民以充分之補償外，中國政府不能覓得其他方法，以滿足國際公法、國際協約之需求。

中國政府熱誠希望立即採用最有效之方法，以維持上述各國際條約之尊嚴及其不可侵犯之原則，庶幾各國，尤其美國所有過去維持和平之一切努力，不致全功盡棄也。

復美使照會

民國二十年十月二十二日

為照復事，中國政府接准美國政府十月二十一日來文，以美國政府請中、日兩國政府注意因非戰公約所發生之義務，並表示希望中、日兩國避免足以引起戰爭之一切辦法等由。

中國政府與人民，對於美國政府與人民重復表示深切關注自九月十八日以來中國事變之發展，至為感慰。中國政府聆悉美國政府與國際聯合會協同努力，以求和平解決，尤為欣感。

中國政府因絕對信賴國際公法與國際公約之原則，尤以維持國際間永久和平及尊重國家之主權獨立，與領土及行政完整之條約，所以堅忍避免施用武力，以應付日軍佔領中國領土及其他日本戰爭行為所造成之現狀，因確信日本此種行為，將為關切此事之各國所不能漠視。中國政府尤忠守非戰公約所負之義務，故自此事發生之最初，即欲以和平方法，覓一公正及適當之解決。中國政

府迄未採取任何戰爭步驟，而依據現有國際公約之規
定，提訴於美國及國際聯合會之前。

中國政府竭誠願望，以求各關係方面均能得到公正待遇
之擔保為條件，用和平方法解決現有之事變，並對於提
創非戰公約之美國政府維持國際公約尊嚴之努力，當予
以最充分之合作也。須至照會者。

二　美對促使日本撤兵的態度

外交部致美國公使照會

民國二十年十月三日

為照會事

　　一、中國政府以為今後十二日內之發展，對於切實
維持遠東和平及現狀一事實，具有極遠到之結果。在此
十二日內，國際聯合會行政院希望日本政府依照該院九
月三十日之決議，完成撤退其軍隊於鐵路區域以內。

　　二、中國政府方面曾對國際聯合會行政院保證，在
日軍進行撤退中國地方官吏及警察恢復之時，所有鐵
路區域以外日本僑民生命財產之安全，中國政府負責
維持。

　　三、此種職責因日方行動所釀成之局勢，其困難之
增加殊難限量。日方行動曾激烈破壞東省中央統治之機
關，無日不見有新發生之事變，如對於列車空中之擊
射、解除星散各處中國軍隊之武裝，並於各地方強樹日
本之軍權等等。

　　四、貴公使已悉聯合會行政院議決，若無任何意外
之事變，必須立即召集會議者，則於十月十四日星期三

在日內瓦重行開會,以考量屆時之時局,且不但靜待來
自中、日兩國政府方面關於時局發展之消息,且靜待來
自行政院其他各會員方面關於時局發展之消息。

　　五、在上述情形之下,中國政府已請求國聯行政院
會員國之駐華外交代表,各派代表前往東省搜集關於軍
隊撤退程度,及一切關連情形之消息,以供給於行政
院。本部長鑒於美國係一九二八年在巴黎簽字非戰公約
之一份子,且對於切實維持遠東和平與其他各國具同等
深切之關念,茲特請求貴公使取迅速之步驟,同樣照派
代表,並將貴方代表所採得關於日軍在東省行動之消
息,轉電貴國政府及公眾。相應照會貴公使查照為荷。
須至照會者。

附註:此件英文譯本已於本日先行電達。

紐約總領館來電

民國二十年十一月十七日

南京外交部。Tribune 今日華盛頓通訊稱,美政府雖明
示贊助國際聯盟使日撤兵,而聞日人使同時已由私人方
面得悉,美終不至經濟絕交或撤回大使云云。Times 特
訊觀察美改派 Davis,而不使列席,似變方針,以和緩
國內一部份反對美國參加國際聯盟。查此種消息,似有
受對方操縱,離間美聯,以減聯力。又據今午 Sun 華盛
頓通訊稱,美外交部始終並未對日使言美不願加入經濟
絕交、撤回大使及限期撤兵,美外部仍保留自由行動云
云。紐約總領館。十七日。

三　顏公使致美國民眾宣言

民國二十年十月六日

鄙人奉命出使曾受其教育，對於其政治社會觀念深為景仰之國家，非常欣慰。鄙人盼望能增進中美友誼，並發展其商業之關係。今者因日本軍事行動日益進展，強佔滿洲，局勢嚴重，鄙人雖以個人資格對於此事實覺有不能不言者。中國民意日見激昂，中國政府之訴諸國際聯合會，及發起非戰公約之國家，其態度手續甚為明賢得當而合理，與國聯盟約及非戰公約之字句精神，毫不背馳。倘使發起及贊成和平解決國際糾紛者，不能制止任意橫行之軍事侵略，則其對於中國人民之結果殊為可怖。中國現正立於兩路交叉之地點，其對於國際事件自動遵循法律條規及情理，其因沮喪絕望，而令其不顧一切之結果，採用極端之意念及方法，故決定及責任大半繫於理想及利益，將因軍閥破壞維持和平協定，而受重大危險，諸國家之態度及行動，縮減軍備之成功，將因野蠻武力之受有獎勵，而更歸虛幻，商業興旺之復興將因亞洲大陸之騷亂，而更形困難，現在問題，不僅係中、日兩國間之問題，實為軍閥封建思想與民主政治之鬥爭，凡友愛及贊助和平，解決國際糾紛之人，應堅持以適當之方法、遵守神聖不可侵犯之國際協定，否則，予以懲罰以應喚醒日本一部分理智未失之平民，使其知其軍人專政將來結局之嚴重，而竭力以消滅之也。

四　詹森談話節略

李錦綸報告

美使詹森於昨日午後三時過訪，茲將其談話節略錄述於左：

（一）此次來訪，並無何種使命，祇表示美國政府對於中日間之嚴重事件極為注意。

（二）美國對於國聯維持遠東和平之主張及建議深表贊同，錦綸則問美使如果此次國聯失敗而不能維持公論，美國能否引用凱洛非戰公約及華盛頓九國條約，據答伊尚未得其政府之正式表示。

（三）我國答覆日本之節略，美使以為非常妥善，中國在此嚴重且複雜形勢之下，已表顯鎮靜自制之態度，確有相當價值。

（四）美使想留居首都，以精神援助中國，辦理東三省之嚴重事件，並希望多與國府要人接觸，俾得真確消息，而報告美國外交部。

（五）美使又請覲見蔣主席，據云並無何種使命，專為拜謁及表示美國政府對目前中國之滿洲事件的前途極為注意。

（六）美使稱美國已派駐東三省領事暨海軍官（Captain Brown）前往滿洲實地調查矣。

五　艾迪在瀋陽的調查報告

艾迪親自署名報告書

民國二十年十月九日

余於九月十八日、十九日瀋陽被佔時，曾目睹日軍佔據

該城。余嗣赴朝鮮，顯見日本對滿政策分三大步驟：
（一）對中國宣布獨立。（二）宣布為日本之保護國。
（三）實行併吞。余讀朝鮮日人所經營之報紙，見吉林
省與東北省之獨立政府方在建設中，乃回抵瀋陽。余讀
十月三日、四日、五日之滿洲日報，見瀋陽華人自治制
度業已成立，並公佈服務地方行政委員會或治安委員會
之人名。據謂，彼等已允創設一中國自治政府，其中二
人曾於十月五日親來訪余。談兩小時。彼等謂，日人屢
來勸喻，近十日內復催逼在該省建設傀儡式之獨立政
府，彼等曾一再拒絕；彼等皆為瀋陽有聲望之公民，余
不願宣布其名，以防危及彼等。余所晤之外人及南滿之
華人，對於日軍佔據瀋陽及滿洲險要地點，乃日軍豫謀
的縝密布置的攻勢的計劃，證據鑿鑿，無一懷疑。此項
計劃，現正在建設所謂滿洲諸省獨立的傀儡式政府之發
展中。一九三一年十月九日艾迪宣誓作。艾迪親自署
名。監誓者中國天津美總領事喬治亞吉森署名，並蓋天
津美總領事署之印。

天津美領事致基督教幹事函

民國二十年十月十二日

啟者，茲附上艾迪博士星期六所作宣誓證明書一件，希
即察收。此上。天津基督教幹事赫先生大鑒。天津美總
領事樂赫叩。十月十二日。

艾迪致孔部長函

民國二十年十月十二日

南京實業部孔部長鑒：頃致英相麥當陸麥倫、施肇基、司庭遜波拿及在美英聯合新聞社電曰：日人強佔瀋陽時，予身在其地。據予與在當地目睹者所接談，可證明日軍進攻計畫，事前已有縝密布置。中國人民並無挑釁等事。日人乘中國洪水為災，世界各國忙於應付本國國內問題之時，實行侵犯中國，已動全世界公憤，日軍現在非但未撤，且將南滿所有要地佔領，並在錦州擲彈。日本在其軍政範圍保護下，組織傀儡式獨立政府，余尤可以種種證據證明之也。予之宣誓證明書已寄上。予與中國領袖接談，彼皆謂日人屢來向彼等勸喻催逼彼等在省設立傀儡式之獨立政府，現中國人情憤怒已達極點，決採用經濟絕交方法，以抵制日人。中國政府亦無法壓制時局，危迫發動在即，東方人民極盼國聯及凱洛克非戰簽字各國有所表示，亞洲各國深信國聯及凱洛克非戰公約之有無效力，當以中日兩國從違驗之也。中國人民有聯俄之傾向，共黨又頗有活動之勢。艾迪。

六　反對美介入中日爭端

駐美嚴代辦來電

民國二十年十一月二十四日

顧部長鈞鑒：榮任敬賀。謹將美國大概情形略陳於下：政黨領袖如共和黨波拉、民主黨魯濱孫均反對強制干涉；此間輿論對於國聯根據國際約章及盟約之措置，認為無甚把握，國聯自身舉棋不定，實啟不利之反感，中

國固群認為被侵害之國，但美國以無十分直接利害關
係，尚未感覺採取強硬方法之必要。現美國金融市面均
趨銷沉，並因前次反對國聯態度依然強硬，政治前途頗
覺黯淡，惟有宗教方面及普通社會均力主保持中國權
利。至對日本軍閥加以詬病者頗多，以上各節，並請轉
呈主席鈞察。嚴鶴齡叩。

照譯東京朝日新聞

民國二十一年二月五日

**非難正義一貫之日本特殊理由　哈斯報對於終日事件發
表社論　責美國政府之輕率**

（羅省特派員四日發）能左右全美輿論最有力之哈斯派
報紙，四日在該系全美各晨報第一頁發表社論，聲明該
社對於中日事件之態度，且認日本之態度始終維護正
義，對於白宮極力抨擊。該報向有排日派報紙之稱，而
於此次中日事件發生以來，均能了解日本之態度，實為
近來稀有之佳作也。茲將該社之社論摘錄大意於左：
美國對於中日事件之不安，既無理解且屬危險，白宮中
人徒事紛擾，殊有增加其不安之可能性。關於中日事件
何必美國過問，無論上海或中國任何地方，美國均不應
與中日事件有所牽連，如能保護僑民即就地保護，倘至
非牽連戰爭不能就地保護時，則自應將僑民移往菲律濱
馬尼拉，俟和平恢復後，再送其來華，無論如何吾人決
不能容許歐洲各國以自國之利益為口實，利用門戶開
放、非戰公約及國際聯盟等之美名，使美國捲入中日事
件之漩渦。距今卅年前美國確在極東提倡門戶開放，但

當時賢明遠過於現總統之羅斯福大總統，曾與國民約絕
對不至為實行極東門戶開放引起戰爭。羅氏去位之際尚
留書與承繼此外交方針之塔虎脫大總統，謂吾人在國際
關係上重要之點，須極力設法將日人由美送回其本國，
同時勿傷日人之感情。日本現據滿洲、朝鮮之要害，故
吾人對於日本在滿洲之利益，不論其有無理由，均宜堅
守緘默，不置一辭。日本若採取與吾人相反之行動，吾
人非有戰爭之準備，決難阻止。且在滿洲與日戰爭非有
英國全部海軍之力，益以德國陸軍之力，不能取勝。中
國之門戶開放固佳，惟此次政策能否保持，證諸滿洲歷
史可以明矣云云。此係當時對白宮之貴重忠告，而於今
之白宮此忠告更視為必要云。

七　史汀生表明美在國聯態度
美國駐京總領事筆錄

（民國二十年十月七日夜交譯）

美國外交部對其能得到之消息，常加以慎重之考慮。美
國對國聯計議各事，雖非能立於正式表贊同之地位，然
而常與國聯取同一之見解及努力。美外部聞中、日兩國
接受國聯之決議，至深欣慰，而認此足予中、日兩國以
誠意實行該決議之機會。美外部希望中、日兩國能以合
理的、互讓的精神，實行該決議交辦各事。

注意

日本駐美出淵大使於九月二十二日謁見史汀生國務卿之
時，史氏向出淵通告：「日本在滿洲之行動，法理的、
道理的，及政治的、有世界的重要性，故希望日本政府

須明白關係各國的利益。」

施公使華盛頓來電

民國二十二年二月二十五日

第三十七號。南京外交部。史汀生於今日下午答覆特拉
蒙稱：「對於因中、日爭執而發生之時局，美國政府之
目的與國聯之目的，大致相符。其共同目標，即維護和
平，並謀以和平方法，解決國際爭端。為求達此目的起
見，當國聯對於二會員國間之爭執，施行其管轄權之
時，美國政府對於國聯維護和平之努力，力為援助，惟
關於方法與範圍二者，保留其判斷之目的。

國聯對於事實之定論，及美國政府由其駐外各代表報告
所得對於事實之了解，實質上均互相吻合。大會依照事
實之定論，公表一種曾經量度之結論。美國政府對於該
項結論，大體同意。關於不承認原則之主張及對於該原
則所抱之態度，美國及國聯處於共同之立場。國聯建議
解決本案件之原則。美國政府願於依照其簽訂各條約認
為適當之範圍內，表示贊同所建議之原則。

美國政府誠摯希望爭執二國，鑒於目下世界輿論顯著之
表示，各使政策適合於國家團體之願望與需求，即任何
國際爭執，必以和平方法求其解決是也。今晨史汀生曾
在密室與赫爾相會談。肇基叩。

嚴鶴齡華盛頓來電

民國二十年十一月十八日

南京外交部。密。今晨見史國務卿親遞信書，由東方股

長項陪見。齡首述顏使不克即來之故，免生誤會，史猶道及顏使在團同飲之歡，事後談話漸入時局，齡謂，中美俱為九國條約及非戰條約之簽約國，我國政府人民亟盼美政府切實根據兩條文維持太平洋和平，史謂渠對於兩約條文已較大研究，並已致力維持和平，但滿案既由國聯辦理，美國非會員，當從旁盡力幫助，齡謂九國條約與本案有密切關係，是否想到在九國條約之下開會處理，史積蓄沉思，審慎發言，謂此事未能預下斷語，依時勢推移，如有一國出面要求，未始不可考量，然此事既由國聯處理，若再召集他會，恐分減勢力，齡又問如在歐洲以九國條約之下開會，則美國當可正式參加，渠默首未有若何表示，齡隨見副卿卡式爾，下午再與東方股長談話，特達，並請轉顏使。鶴齡。十八日。

八　史汀生促華撤兵至山海關

美國務卿史汀生建議撤兵至山海關

民國二十年十一月二十五日

為避免衝突計，史汀生認為中國應將中國軍隊自動撤兵至山海關，作為滿洲問題未解決前之臨時辦法。現在情形至為棘手，假使華軍留駐錦州，隨時可發生衝突，迨衝突發生以後，必致流血更多。強迫撤兵，是以史汀生認為此時最好中國即行撤兵，但所當聲明者，此項提議並非勸告性質，不過應顧部長之詢問，提出一種友誼上之建議而已。關於擔保一層，史汀生認為談判需時，此時實無暇及此。至日本占領滿洲一事，必須依照事實法律通盤解決。所稱法律係指條約而言，全世界對於此事

無不深切注意，努力以求解決。按照現在情形，惟有阻止戰事，繼續努力，以求和平解決，其他均尚無從擔保也。十一月二十五日下午四鐘自華盛頓發。

顏惠慶華盛頓來電

民國二十年十二月二十三日

南京外交部。一號。本日惠偕嚴參事謁見美外部史汀生，寒喧後惠力說滿洲形勢愈趨嚴重，並根據一百七十八、一百八十兩電，證實日本政府對於錦州態度之堅決。史外部稱對於滿案始終竭力注意，美國在滿洲雖無多大實際利權，而條約上確有關係，是以在可能範圍內未曾放鬆。嗣後見副外部卡式爾語氣，與史外部亦復相同。惠。二十三日電。

九　史汀生不承認主義的宣佈

美國務卿史汀生致中日兩國備忘錄

民國二十一年一月七日

最近錦州方面之軍事行動，業將一九三一年九月十八日以前中華民國政府在南滿最後存留之行政權威，破壞無遺。美國政府仍深信國聯行政院近日所派之中立調查團，必能使中日兩國間現時困難，得最後之解決。但美國政府鑒於目前情勢，及自身之權利義務，認為有對中、日兩國政府作下列通知之職責。即美國政府不能承認任何事實上之情勢為合法。凡中、日兩國政府或其代表所訂立之任何條約協定，足以損及美國或其人民在華條約上之權利；或損及中國主權獨立，或領土及行政之

完整，或違反國際間關於中國之政策，即通常所謂門戶開放者，美國政府均無意承認。又，凡以違反一九二八年八月二十七日中、日、美三國在巴黎簽字之非戰公約之方法，而造成之情勢，或締結任何條約或協定，美國政府亦均無意承認之。

十 史汀生致波拉函

嚴鶴齡華盛頓來電

民國二十一年二月二十四日

南京外交部。本日關遠東事，美外長史汀生發表政見，要點如下：（一）繼續中國門戶開放。（二）九國條約不能單獨修改。（三）目卜遠東局面係違反九國、非戰兩約。（四）中國政治問題重大，進行迂緩，有可諒解。全文即露布。齡。二十四日。

美國國務卿史汀生致美國國會參議院外交委員會委員長波拉氏函之全文譯文

民國二十一年二月二十五日

參議員波拉君鑒：

承詢現在中國種種情形是否使九國公約不適用，或不生效力，或竟須修訂事，查九國公約實為對華門戶開放主義之法律根據。此項主義經海約翰氏於一八九九年宣述後，即使彼時將致中國崩解之列強的利益範圍之爭奪，得以中止。為使此項政策成功，海氏曾援用下列兩主義，即：（一）各國對華商業上之機會均等。（二）為得此項機會均等，則必保持中國領土及行政之完整。

實則此兩主義在美國外交史上並非新穎,蓋美國向以此
為處置對任何外國事務之主義也。美國適用此主義於中
國,非僅保障中國之將來的發展及主權之完整,並免除
世界各國對華常久爭衡之危險局面;彼時中、日曾宣
戰,戰後曾有三國對日本之奪取某項戰利品,加以干涉
阻止,但其他數國仍乘機亟謀並獲得其在華之利益範
圍,嗣後中國即發生變亂,危及各國駐北京之使館,其
原因即半由各國在華之爭奪。當各國駐北京使館正在被
攻時,海氏即宣示此項主義應為列強所採取,以處置彼
時之變亂事件,渠云:「美國政府之政策係為求一解決
辦法,俾中國能有永久安全及和平,並保全中國領土及
行政之完整,保障各友邦依據條約及國際公法對中國
所得之權利,且為世界維持一對華均等公允貿易之原
則。」海氏之政策,曾得各國同意。尤得英國政府之懇
切贊助。彼時英首相沙立斯堡萊爵士與海氏上述之宣
示,曾表示「切實同意於美國之政策」。

　　在此後二十年中,門戶開放主義均僅存在於各國非
正式的承諾之下,但於一九二一至一九二二年之冬,在
太平洋有關係之各主要國家一致參加之會議中,曾將此
項主義歸約於所謂九國公約內。此公約使門戶開放主義
之原則,得有正確之解釋及定義,其第一條為「除中國
外締約各國協定:(一)尊重中國之主權與獨立暨領土
與行政之完整。(二)給予中國完全無礙之機會,以
發展並維持一有力鞏固之政府。(三)施用各國之權
勢,以期切實設立並維持各國在中國全境之商務實業
機會均等之原則。(四)不得因中國狀況乘機營謀特

別權利，而減少友邦人民之權利，並不得獎許有害友邦安全之舉動。」

此項條約係代表審慎發展並成熟之國際政策，一方面可以貫徹保證各締約國在華之權利及利益，一方面可以使中國人民依照世界各民族近代文明之準則，獲有完全無礙之機會，以發展及鞏固其主權與獨立。

當是約簽訂時，世人皆知中國承推翻專制政體之後，並欲努力發展一自由共和的政治，並知欲發展此種政治，則經濟、政治諸方面要必須多年之經營，且進步必甚遲緩。此公約故不啻締約各國之一克己的約束，放棄一切侵略政策以期妨礙中國之發展。吾人深信即按諸門戶開放主義之近代史，亦能證明只有藉此種公約保障之方法，始可使中國及與中國有關係各國之利益，得有充分之發展。

美國代表團（其首席代表為國務卿休斯）關於九國公約呈報美大總統，曾云「深信此約已使門戶開放主義成為事實」。在討論商訂此約時，英國代表團首席代表包爾福爵士亦曾宣稱，「英帝國代表團深信在座各列強代表中，無一人仍信從前利益範圍之辦法尚為各國政府所贊成，或能為本會議所忍受。就英國政府而論，則英政府已正式宣示，認此項辦法為絕對不合於現在情形。」

同時日本代表幣原男爵，亦宣布日本政府之態度如下：「無人能否認中國神聖不可侵犯之自由統治權，亦無人阻遏中國努力其國事。」此公約之原簽字國，為美、比、英、中國、法、義、日本、荷蘭、葡萄牙，其

後挪威、波里維亞、瑞典、丹麥、墨西哥，亦相繼加
入，德國亦曾簽字，但德議院尚未予批准。

於此又有須予記憶者，即此約為華盛頓會議關係各
國所訂諸條約與協定之一。而此各條約與協定則均有彼
此牽聯之關係，如忽視其中之任何條約，鮮有不擾亂全
部之諒解與均衡者。良以此種諒解與均衡，原係欲以
此同時訂定之各約促成之也。華盛頓會議本為一軍縮會
議，欲以停止海軍武備之競爭，及解決其餘危害世界
（尤其在遠東方面）之各種糾紛關係，以促進世界之和
平。凡此各種問題，均有連帶關係。美國政府之自願放
棄其當時戰鬥艦建造之領袖地位，不再在甘姆島暨斐利
濱建築砲臺，皆係以九國條約中自制之規定為根據，蓋
該規定固係保證世界各國在東方商業上之均等機會，並
反對運用國家之武力侵略以損害中國。吾人決難討論修
改或廢止九國條約中之條款，而能同時不考慮該條約等
實際所依據之其他前題。

後此六年，九國條約之反對強國侵略弱國之根本政
策，得於世界全體國家所簽字之巴黎公約，即所謂凱洛
白里安公約之中又得一有力的後援。此兩種公約係兩個
獨立而協調之步驟，其目的在聯合世界之良心與輿論，
以贊助一種根據公法，依序發展之制度。而所謂舍棄武
力，專以公正和平之手段解決一切糾紛，亦即包括於
此，須知保護中國使不受外界侵略，原為此種發展進程
中之一緊要部分。九國條約之簽字國與加入國，固深覺
中國四萬萬人民之有秩序與和平之發展，為全世界和平
幸福之關鍵，以為無論何種為世界求幸福之計劃，決不

能忽視中國之幸福與保護。

近來在中國發生之事件，尤其自滿洲蔓延至上海之戰事，不惟不是指明該約有修改之必要，且適足令彼與遠東有關係之各國應特別注意，忠實遵守該約。今且不必追究此次糾紛之起因或指責其罪咎，蓋兩國已捲入漩渦，固無暇論及所謂起因與責任。現下已發生一種情勢，此種情勢在任何情形之下，均與該兩公約所規定之責任，不能適合，蓋甚彰彰。抑更有進者，如各該條約果能為關係國忠實遵守，則此種情勢亦決不至發生，亦屬明確無疑。凡現在兩衝突國以外之國家，而曾為九國條約與凱洛白里安公約之簽字各國，要均不能有何理由可主張修改該條約之規定，忠實履行該條約之實際價值，殆已可於各該國人民在上海所遭之危險與損失中證明之矣。

以上均政府之見解，吾人對於廢棄該條約所運用之高尚原則，認為並無理由，並深信如能遵守該條約，則此種情勢或能避免，且並未獲得何種證據，以證明遵守該約，將使各該簽字國與其人民在華合法權利之保護，將受何種之干涉。

本年一月七日奉大總統令，本國政府曾正式照會中、日兩國，謂凡一切造成之形勢或中日間所締結之條約，違背上云之條約而損害美政府及其人民在華之權利者，美政府一律不予承認。如果其他各國與本國為同一之決定取同一之步驟，則即可警告日本，即可使一切憑恃強權違背條約所攫取之權利，不能得合法之承認，且歷史昭垂，將必使中國橫被剝奪之權利，終克復歸原

主。本國政府以太平洋列強之一之資格,向持以下見解
為其攻策之根據:即相信中國人民自有其光明之前途,
並相信以公正忍耐及相互好感諸原則與中國人民相周
旋,必能得最後之成功。吾人深悉彼國政治家發展其國
家與政府所負責任之重大,彼國進步之遲滯與其締造負
責政府之困難,早為海約翰氏及休士氏暨其他當代人物
所料及,而亦為門戶開放主義所應遭遇之阻礙。在華盛
頓會議代表各國之政治家,均曾謂應假中國以時日,
俾成就其發展,吾人實表示贊同,且將準備即以此為
吾國將來之政策。

史汀生　啟

十一　日軍攻取錦州中國致美照會
外交部致華盛頓中國代表電

民國二十年十二月十九日

Sinolegate Washington, D.C.:近來日本圖取錦州之態
度,又復日加顯著,最近新聞消息有日軍強迫錦州中國
軍隊撤退關內之說,情勢愈趨嚴重。昨今兩日據蔣公使
及駐神戶總領事電告,日本近又藉在滿洲之朝鮮軍及在
天津之關東軍交代為名,陸軍省已正式發表添派第十師
一部隊近衛軍,及第一、第十二各師之特殊部隊赴東
省,第五師一部隊赴天津。又陸軍省藉口討伐遼西匪
徒,意圖錦州,連日出動大阪姬路軍隊甚多等語,請速
告美外部。外交部。十九。

外交部致駐美公使館電

民國二十年十二月二十四日

Sinolegate Washington：二十三日電悉。日來錦州形勢益復嚴重，最近據報日軍已於二十三日由營口方面向田莊臺攻擊，騎兵四百餘名由營口繞至我鐵甲車左側襲擊，並有日軍四、五百攜砲十餘尊開到田莊臺。日艦二艘昨到秦皇島，塘沽原泊二艦，聞尚有三艦明日續來，情勢緊急，希速再喚起美外部之嚴重注意，並請某以有效方法阻止日方攻錦，仍盼電復。外交部。二十四日。

外交部致駐美國使館電

民國二十一年一月二日

Sinodelege Washington：密。據美聯社消息，日軍業於今晨六時進佔錦州，已電張主任查詢，候復到再達。外交部。二日。

外交部致駐美公使館電

民國二十一年一月十三日

Sinolegate Washington, D.C.：密。今日發出復美國照會，其文如下：准一月八日來照云云，足見貴國政府對於日軍在東省之非法行動至為關切，而貴國政府維持國際公約及非戰公約尊嚴之精神，尤所深悉。查中國政府自上年九月十八日東北事件發生以後，即始終遵守非戰公約所規定之義務，故中國政府迄未採取任何擴大事態之步驟，而依據現有國際公約之規定，請各簽約國予以注意。乃日本軍隊竟於國聯九月三十日決議及十月

二十四日開會以後，仍繼續擴大其侵略行為。嗣又於國聯十二月十日決議以後，公然侵奪中國地方政府所在之錦州，近且進佔綏中，乃至山海關，並在秦皇島、天津等處增派軍艦軍隊，復有攻擊熱河之勢，其破壞國聯盟約、九國條約及非戰公約並蔑視國聯屢次決議，已為不可掩飾之事實，是本案一切責任應由日本政府完全擔負。貴國政府對於本案不承認任何事實上之情勢為合法一節，查中國政府對於上年九月十八日以後日軍種種侵略及一切非法行為，迭向日本政府提出嚴重抗議，並向國際聲明概不承認在案。至來照所稱之條約或協定，中國政府本主權獨立及領土行政完整之原則，絕無訂立之意，甚望貴國政府繼續增進國際公約之效力，以保各該公約之尊嚴，相應照會貴公使，即希轉達貴國政府查照辦理為荷等語。外交部。十三日。

十二 對日遲延發表李頓報告書的對策

李前外次錦綸華盛頓來電

民國二十一年九月十七日

南京外交部。東方司長何辦克（Hornbeck）告予：美國政府擬先與其他簽約國會商，然後再答復我國照會，並願見我國致日抗議之原文，請竭力反對日本遲延發表國聯調查團之報告之企圖。因日本欲藉此以鞏固在熱河之勢力，美國輿論界現一致譴責日本承認偽組織之舉動。錦綸。

李前次長華盛頓來電

民國二十一年九月二十二日

南京外交部。美國政府與英、法洽商，可見三國政府無意反對日本，國聯大約將贊成延期發表報告書，亟望政府準備守禦熱河，以為我國不宜下令討伐滿洲國，且無必要，因我國在本國領土有權自由調動軍隊。錦綸。

李前次長華盛頓來電

民國二十一年九月二十三日

南京外交部。參議員雷特與英、法會商進行滿意，對於一般態度已臻同意。美國政府受日本退出國聯之要脅，傾向於同意延期之各國，請密電轉知。顏代表、施博士將於本日抵紐約。錦綸。九月二十三日。

十三　不準備在國聯建議採取行動
施公使華盛頓來電

民國二十一年十二月十三日

南京外交部。本日美當局告本人心腹，據稱：美國並非欲以命令式提出條件，對於美國之邀請，究以何種形式出之，國聯儘可自由決定。美國之立場，以為國聯現負處理本案之責，美國斷不欲任其諉卸。關於大會正將問題移交十九委員會，而並不附帶訓令表示意見一層，該當局以為就議會觀點而言，並無不合，蓋李頓報告書本身即為一宣布日本有罪之判詞，雖不經國聯之正式宣布，舉世亦均將接受也。現時重要之點，厥為尋覓一滿意之解決耳。該當局感覺將日本罪狀正式宣布載在紀錄

一層，雖屬可欲，然亦似非必要。英國同具此意。且就
實際結果而言，亦有困難之處，蓋盟約第十六條（規定
制裁）之義務，本為國聯會員所極欲規避者，苟判詞一
旦宣布，則國聯雖欲擺脫而無從矣。至關於調解委員會
一節，美國固不欲，亦不能儼然為一國聯會員國貿然參
加。該委員會總須與鴉片會議相仿彿，僅由國聯召集，
而不為國聯之會議。該員當詢以：就實質而言，美國應
否表明；除非先將任何國家不能以武力獲得利益一點明
白宣示，委員會之成功不能謂為有望？該當局答稱：
「閣下以為現在美國尚未曾有如此之表示耶？」嗣詢以
委員會究能有何種作為？該當局答稱：該委員會斷無作
任何違反九國條約或任何其他條約之建議之全權。並
謂：美國之參加惟一之根據，係因涉及九國條約及和平
公約之故。最後復詢以：設無調解之基本原則，委員會
何能成功？渠云：個人曾感覺世界會議誠有必要，並須
由國聯召集，但並未向國聯建議此說。該員當稱：如此
似將延緩，極有害於中國。該當局以為倘中國繼續在滿
洲之抵抗，則如此並無妨害。已分電日內瓦。

施公使華盛頓來電

民國二十二年一月五日

南京外交部。本日美國務院中人告余：謂美國對日本並
未提出抗議。蓋他國苟不加入，則一紙空文，有何用
處。美國海陸軍目下殊無執行之能力。國務卿政策仍然
不變。就現時論，余未見美國政策有任何改變之表證。
據密報，關於戰事之起因，及日軍參加之人數，東京、

瀋陽及山海關日本官方之解釋，互相歧異，計有六種不同之說法。當局中人，答復余之詢問，謂日本稱此次戰事，僅屬地方性質，然證諸吾人所得之經驗，則日方之保證，殊不足信。

至關於國聯之決議案及聲明書一節，當局中人稱美國已明白表示，決不向國聯建議採何動作，及如何進行。但調解計畫如經國聯提出，美國準備予以贊助。中國如望美國繼續單獨進行，或對於將來某種事變，預先說明態度，恐難辦到。現任及繼任兩總統對於各重要問題，意見互不相同。至今此方迄未得到彼方對於滿案之意見，故國務院只可取緩進態度等語。經即轉電日內瓦矣。基叩。

施公使華盛頓來電

民國二十二年二月十日

火急。南京外交部。日內瓦來電四點（After nothing offering），當即遣心腹往謁美國當局，據稱：不欲對國聯有何勸告，或冒昧干涉討論，亦不欲答復假設之問題。最後該當局云：就截至現時所得消息而言，日內瓦方面局面之進展，似尚順利，中國似不宜提出不絕對必要之反對，以阻礙進展。該當局稱：渠私人意見認為調解時期似乎已成過去。亦難以希望國聯在此時直接逼令日本撤退軍隊，解散滿洲國，蓋明知其無效而反損尊嚴也。渠前次亦曾云，明知日本不能遵行，而提出要求，不獨無補於事，反增日本之憤，而使此間輿論批評失其效力。現應繼續用他種方法，加壓力於日本，俾其就

範，目下日本雖不願考慮，但終有覺悟採取步驟必要之一日云云。本日下午二時，往國務院。彼時關於本晨報紙所載日方新提案之事，日內瓦美使尚未有報告，已分電日內瓦。

十四　不贊同與日絕交

施公使華盛頓來電

民國二十二年二月十九日

南京外交部。第卅一號。尊電第七號發時，大約尚未閱及基電卅號。美當局在最近會晤時，一再促我方忍耐，遏制意氣。謂既然各事進行順利，最好靜守勿言勿動，否則反阻進步。昨與該當局會晤，仍注重申說以上各點，並云，須注意該報告仍係一草案而已。現仍有少數而有力之潛勢力，反對捲入漩渦，發生對外之糾紛，是以政府動作極為審慎。關於尊電第七號，基將約當局星期一下午晤談。目下基意，鈞座宜力勸必要時力爭，務請國內諸公鎮靜注意以待大會之通過決議，及美國最後之正式反響。

施公使華盛頓來電

民國二十二年二月二十日

南京外交部。星期一，二十日，第三十三號。關於尊電第七號，美當局仍謂：國聯報告不過一草案而已，中國宜守靜默等語。施。

外交部致華盛頓中國使館電

民國二十二年二月二十八日

關於絕交問題，政府正在慎重考慮中，俟有決定，當即電告。在此期間，尊處可非正式表示，因為輿論所迫，中國或將採取此種步驟，並將其反響電復國防委員會；由中央執行委員會、中央政治委員會、外交委員會委員長（伍朝樞）、五院院長、軍事委員會委員長及其他重要軍事機關長官組成之該會，決定對外政策及一切國防事宜，直隸於中央政治委員會，一切議決，均守秘密。

施公使華盛頓來電

民國二十二年三月二日

南京外交部。三月二日，第四十四號。此間對華友善之各方，僉以為中國應繼續抵抗侵略，堅持到底，俾有相當時間，使舉世知以最後有效之壓力加諸日本。是以中國必須避免任何足以促進正式戰爭之行動，使日本可以自由作戰，而削中國抵抗之力。基前電曾云我方策略，在於繼續使日本負戰事之責，因美國現時財政情形，民眾極感不安。

施公使華盛頓來電

民國二十二年三月三日

三月二日，第四十五號。南京外交部。關於三月二日尊電第一百三十六號所開各節：第一點，政府中人對於贊同與否均拒絕表示，惟據余所得印象，渠等意似以絕交利於中國之處甚少。第二、第三點，渠等拒絕批評。至

新政府在未正式就職以前，其意見無法深明。據余個人所得印象，在目下形勢之下，美國政府若非與其他各國作共同之行動，恐不肯採取此種步驟。美國政府並認如發生裁制問題時，則該問題應由國聯會員國主動之。此間主要各團體，意見均反對裁制辦法。如欲排除此項反對，唯一辦法，惟有國聯中各強國切實情願採用裁制之工具，而以美國之合作，為使裁制辦法得生效力不可少之條件。

余將於及早時間內設法向新政府接洽。但新政府之態度，恐不致與現政府互相歧異也。祈轉呈宋院長以本日此間經濟狀況，益呈不安狀態。肇基叩。

施公使華盛頓來電

民國二十二年三月二十一日

南京外交部。三月二十一日，星期二，第五十五號。霍爾云：中日事件，在國聯之手，且美國已有代表在諮詢委員會。渠對於執行國聯判決之問題，不置答覆，但云美國將繼續其最近之政策。基告以在戰死之日本軍官身上，搜獲地圖，竟將北平、天津、濟南，列入滿洲國版圖之內。足可見日人之企圖矣。因建議英、美以壓力加諸日本，制止其再行侵入長城以南。渠不直接答覆，但詢問北平、天津與長城之距離若干，以及我方在長城及近長城之軍隊，有何活動。嗣基詢以渠對於尊處有無若何表示。渠云：「余之意旨可於余問話中尋味得之。」從熟悉情形者方面得悉，美國不贊成對雙方禁運軍火，然以為倘單獨對日，則日方必將採取辦法，以截斷中國

之接濟。至於召回大使一層，亦以為對於日本無甚效果。已分電日內瓦。

十五　否認對滿洲國改變態度

施公使華盛頓來電

民國二十二年六月二日

南京外交部。六月二日，第八十五號。日本代表遊說美總統改變對滿洲之政策未有結果，日本代表提議謂在和平情形之下，施行抵貨與以軍力侵犯同為挑釁行為，總統不予同意，蓋接受此項原則不啻承認日本侵犯中國領土出於自衛之說為正當也。大約日本代表抵歐後，必將以同樣之說詞遊說各國。已分電歐洲。

上海中華日報剪報

民國二十三年二月二十四日

美國對偽組織　擬變更態度耶
世事難料一切恃國人自奮耳

（哈瓦斯社二十三日倫敦電）據報端消息，美國一方對於「滿洲國」現擬變更態度，一方並擬要求菲律濱群島，接受菲島獨立草案（係美國國會議員霍斯及克丁二人所提出者），而以接受後十五年，美國將菲島所有軍事根據地，悉予放棄，為交換條件，英國保守黨一部份人士，聞此消息，頗表歡迎，該派人士對於美、日兩國關係趨於緊張，向表惋惜，晨報即係代表此種傾向最顯著之報紙，該報對於上項消息，雖表贊同，但提出重要保留，謂美國從前提倡滿洲維持原狀之政策時，曾得歐

洲各國之贊助，今如變更原來政策，則英國政府之態
度，當與美國相策應，此美國所當慮及者，近聞德國為
商業上理由，擬即承認滿洲國政府，若美國亦擬作同樣
行動，則必先與各國曾經援助美國採取不承認「滿洲
國」之舊政策者，商得同意而後可，美國設不若是，而
單獨有所行動，恐非光明正大之道云云。

（哈瓦斯社二十二日華盛頓電）歐洲某某國家，有旦夕
即將承認「滿洲國」之風說，據白宮傳出之消息，美國
對於如此釀成之時局，自當加以考慮，但前國務卿史汀
生所宣佈之主義，即不承認用暴力或用侵略手段所創造
之國家一層，未必邊作機械式之實行，此事已見昨日
電，頃悉總統羅斯福及國務卿赫爾，對於此項問題，將
作深切之考慮，在考慮以前，不願發表任何意見。

容揆華盛頓來電

民國二十三年二日二十四日

南京外交部。二月二十四日，第一百四十一號。尊電第
四百〇三號敬悉。關於紐約泰晤士報二月二十二日登載
美國對「滿洲國」問題，或將改變態度之消息，國務卿
認為純係報紙有組織之造謠，並已通知美國領事官員，
謂「美國態度並無變更」。至於（明年）海軍會議時是
否議及「滿洲國」承認問題，美國政府不能預斷。註：
前段已非正式發表。

施公使華盛頓來電

民國二十四年一月十日

南京外交部。一百十號,十日。頃晤美外長談倫敦會議經過,據稱美仍主張安全均等,及以裁軍方法保障安全兩點,嗣詢曾否談及遠東問題,外長未明白答覆,但隱示美維持華盛頓會議之遠東政策等語。再一四三號電所索函已面詢外部,彼允轉詢,但恐審查委員會未收此件云云。肇基。

附註:一四三號去電係審查軍火案 Casey 致 Swezey 函
　　　及 Noelting 函係重要證件希商美外部抄寄由。
　　　電報科謹註。

十六　胡佛總統談話摘要

梁士純(Hubert S. Liang)致孫院長函

民國二十二年六月十一日

孫院長鈞鑒:頃晤美前總統胡佛於其私邸,談約一小時,洵係討論中日問題及中國現在情形。茲特將談話內容摘要奉達:

(1)中國應利用休戰之時機,努力內部之團結,準備日本再來侵犯。

(2)胡佛認為日軍正在準備再犯中國領土,以便在中國本部獲得經濟上、政治上較廣大之權力,為其所得於滿洲者之屏障。

(3)中國政府與人民必須盡人力之所能,及制止再有內戰發生,蓋適此嚴重時期,內戰實為中國之大禍。

(4)中國一日不承認滿洲國,任何外國終必不予滿洲

以承認。

（5）為求不失國聯、美國之好感與臂助起見，中國萬不可不事先諮商彼等，而逕與日方直接談判。

（6）日本政府一日在軍人掌握之中，直接談判終於中國不利。

（7）中國應竭力使日本之侵略失多益少。

（8）中國應繼續壓迫國聯使其採取行動，執行譴責日本之報告。

（9）中國政府與人民應忍耐矜持，萬不可採取任何操切之步驟，蓋現在形勢利於中國也。

胡佛對於最後一點，並云倘日本開發滿洲之工作得不受阻礙而進行，則其成功不必五年，就渠所得消息，日本侵略滿洲方法之一，為控制操縱世界各處凡與滿洲有關係之一切較大之商務機關，渠意以為此實為現代侵略最有效力之一種手腕。

日方現正竭其全力，取好於美國，希圖羅斯福總統改變美國之不承認滿洲國政策。日方所採取之方略，為誘美國與之締結仲裁協定之類。此時實為千鈞一髮之時，中國數倍增加其各方面外交及宣傳之努力，尤其對於美國應極端注意，蓋今日美國實為世界大同之關鍵也。

十七　參議員金氏的提案

駐美施公使來電

民國二十四年一月八日

一〇九號，一月七日美國參議院議員金氏提出決議案草案兩則：

（一）查依據非戰公約各締約國，包括美國及日本，曾鄭重宣言斥責藉戰爭以解決國際糾紛。查依據九國公約，各締約國同意尊重中國之主權獨立與領土及行政之完整，並不得因中國狀況，乘機營謀特別權利，而減少友邦人民之權利。又查近有認日本對滿洲政策，如成立滿洲國政府，設立外國煤油政府專賣，及如日本報章所載，滿洲國除對其予以承認之各國外，拒絕遵守門戶開放政策，皆為違反上述條約。爰請決議授權並指派外交委員會或其他依法指定之分委員會，審查日本對滿政策，決定其是否違背非戰公約成九國公約之規定。該指定委員會須在第七十四次國會開會期間參議院開會及停會時，在規定時間及地點舉行審查。

（二）查凡爾塞和約條文曾將德屬太平洋島嶼之委托統理權，給予日本，惟近來各報常指責日本違反協定，在各該島嶼建築軍事工程，爰請決議授權並指派委員會審查日本是否有或曾在各該島嶼建築軍事工程之行為，並在實際上可能之最短時期以內，將審查結果連同建議，報告於參議院，以上兩決議案草案，均已交付外交委員會。全文由航郵另呈。施肇基，一月八日。

駐美施公使來電

民國二十四年一月十二日

第一百一十三號。據華盛頓晨報載：日前參議院議員金氏提出審查日本在滿政策，及其在委托管理地建築軍事工程之決議案草案，並未曾徵求美國當局意見。參議院外交委員會委員長畢德文，宣稱該委員會俟得國務卿赫

爾核准，始克審查金氏提案。畢氏個人意見以為目下此
種舉動，實足防害遠東時局。

金參議員聲稱將與赫爾會商。眾議院議員費許氏宣稱，
將揭破日本在菲列濱及中美洲攘奪美國紡織品市場事
實。費許又明白聲稱：美國國務院應負責任阻止通過利
益美國，及反對日本之菲列濱關稅案。費氏又謂日本因
大宗出品及低微工值，致驅逐往日曾享有百分之七十五
紡織貿易之美國退出菲島市場。「一般輿論均以為參議
院通過美國加入國際法庭案大有可能。」施肇基。

駐美使館呈

民國二十四年二月一日

本月七日美國上議院議員 William H. King 提出議案兩
件：一謂美、日兩國均為非戰公約及九國公約簽約國，
聲明不以戰爭解決國際糾紛，並承認中國獨立及門戶開
放政策；近日本造成「滿洲國」，創行煤油專賣，並據
日報登載，門戶開放政策祇適用於承認「滿洲國」之國
家，日本所取政策，是否違反上述兩約，應請上議院令
外交委員會或有關之分委員會調查公開質訊，並將調查
結果具報。一謂歐戰和約第一一九條規定，德國所放棄
之太平洋上屬地，由日本承管；日本曾允不在屬地設
防；近傳聞日本於各地上，業已或正在設防；此舉是否
有違和約，應請上議院令外交委員會或有關之分委員會
調查具報，並供獻建議。所有該兩案提出並議決交外交
委員會情形，已於本日節要電陳大部。相應抄錄兩議案
原文函送大部鑒核。此陳外交部。

附二件。

第二節　秘巴等國不承認滿洲國

一　秘魯

魏子京秘京來電

民國二十三年三月八日

南京外交部。二十九號，八日。美館轉電，業經遵即照會外部。據稱，秘政府遵守國聯決議，始終擁護我方，偽政府任何政體決不承認，對偽通牒，僅訓令駐日代辦面告偽代表，秘魯不能承認之理由。特聞，京。

二　巴拿馬

李世中巴拿馬來電

民國二十三年三月十四日

南京外交部。二十七號。十四日。傀儡政府致電巴政府通知叛逆稱帝，意求承認，巴外交總長面稱，置之不理，決不承認。謹聞，中。

三　那威

那威使館電

民國二十三年三月十二日

部、次長鈞鑒：駐法使館轉鈞部五日電，已於六日晚收到；立刻備文送那威國務總理兼外交總長。八日收該總長回函。茲將抄原函附呈。後又與那威外交次長接洽此事，彼謂前於月初那政府已收到偽政府電，那政府除復

電謂已收到該電並無別語,復偽政府電亦並非稱「政府」,那政府完全無承認偽政府之意,請中國政府不誤會等語。特此謹聞,祖叩,十二日。

四　古巴
淩公使夏灣拿來電

民國二十三年五月三十一日

南京外交部,三號。三十一日。古外交總長面稱,古政府決不承認偽組織,並密告,月初叛逆曾派密使前來運動承認,已拒絕。謹聞,冰。

淩冰夏灣拿來電

民國二十一年六月十六日

南京外交部。滿洲偽國要求承認,古外交總長面告答復偽國如下,新政府非根據民族自決原則,不能承認,且古巴與滿洲關係甚淺,決不先各國承認。冰。

五　比利時
駐比使館電

民國二十一年四月二日

為呈報事,頃閱報載滿洲偽政府致文各國政府,請求承認,法、比、意、蘇俄等國政府業已答復,收到該項公文等語。經即向比外部詢查真相,據告稱比政府始終並未理會該政府,請勿為慮云云。因告以比政府係華會九國條約簽約國之一,該偽政府之設立,乃出於日本之所主使,冀圖破壞中國領土及行政之整一,以謀併吞,故

深信此種消息係屬日方謠傳，彼云已囑報更正云云。除擇要電呈外，理合呈報察照。謹呈外交部。

代理館務　羅懷　謹呈

六　英國

英國眾議院關於滿洲國之問答

民國二十三年三月五日

議員史米斯（T. Smith）問稱：溥儀稱帝且不久將有東京之行，外長是否已有所聞。又鑒於國聯一九三三年二月二十四日通過之報告，外長可否對議院聲明。關於溥儀到東京之一切宴會或其他典禮，英國駐日大使，當奉令概不參與。

西門外長答稱：中國廢帝近在滿洲即位一事，業已知悉，但其赴東京之說尚未接有報告。至於各國依據一九三三年二月二十四日決議所擔負之義務，盡人皆知，各國行動亦當然為此項義務所拘束。

議員亞特里（Attlee，眾院工黨副首領）問：然則據外長答復，吾人可斷定，英國大使對於溥儀到東京，將無論如何，不承認其為滿洲國皇帝矣。

西門外長答稱：「溥儀赴東京之說全屬假定，余並未接得報告，縱使果成事實，余之答復亦已詳盡，蓋英國及其他諸國關於滿洲國之義務（即國聯大會報告書所規定）自當遵守也。」云云。

七 捷克

梁龍布拉哈電

民國二十八年一月二十四日

重慶外交部。一三七號。二十四日。頃晤捷外長，據答捷政府並無承認偽滿之意。近日因有商人擬與東三省商人貨物交換，曾一時發生派領問題，謠傳或因此起。但現已不成問題。捷政府及人民對華夙表同情，斷不致有突然舉動等語。查捷商受日方運動，藉口貨物交換擴大商務，陳請捷政府改派領事與偽政府發生關係，本館據悉，已向捷外部制止。此後倘無他國壓迫，似不致發生意外。龍。

第三節 匈羅泰等國承認滿洲國

一 匈牙利

柏林陳大使來電

民國二十八年一月二十五日

重慶外交部。第八七五號。二十五日。匈牙利承認偽滿，係由匈外長於一月九日電知偽國國務總理兼外長張景惠，並表示希望兩國關係，益加鞏固。介。

二 羅馬尼亞

梁公使自羅馬尼亞京城來電

民國二十九年四月五日

重慶外交部。三十七號，五日。羅報一致登載國府對偽滿宣言全文，日使竟向羅外部抗議。俄對羅一時無事，

因不欲牽入歐戰漩渦。德經濟陰謀因英、法反對甚烈，
亦暫緩和。龍叩。

羅馬尼亞承認滿洲國

民國二十九年十二月四日

（東京四日同盟電）滿駐日大使阮振鐸今日發表聲明，
謂羅馬尼亞業自本月一日起，承認滿洲國，為世界和平
著想，滿羅建立友好外交關係，實為一值得慶賀之事
云。

三　泰國
中央社參考消息

民國三十年八月三日

（曼谷二日合眾電）據確息，泰國承認滿洲國之說確係
事實。某當局稱：泰國目下環境困難，非承認南京政府
即須承認滿洲國，考慮結果，認為承認滿洲國在國際上
引起反響較少。

顧大使倫敦來電

民國三十年八月十四日

重慶外交部。一九八號。十三日。頃晤泰使告以我國政
府對泰國承認偽滿，深為遺憾。彼謂泰國早於一九三七
年予偽滿以事實上之承認，今不過轉為法律上之承認。
至泰國對汪偽態度，據稱伊最近曾循我方所請，電請該
國政府慎重考慮。嗣接泰政府復電，以日方對此雖有要
求，但泰政府為顧全中泰友誼計，拒未允行云。鈞。

第四節　德國與滿洲國

一、德國與滿洲國的關係

德國前駐哈爾濱領事格波利與哈爾濱時報記者
談話（李長卿譯）

　　　　　　　　　　民國二十二年六月二十一日

一　德與滿洲國的關係

　　前德國駐哈埠領事格波利先生，新由德經香港來
哈，昨特與哈爾濱時報記者述其過去兩年來在新德意志
所得之印象，及德國將來與滿洲之商業關係。

　　格氏開始謂彼留德兩年中，已經過不少滄桑世變，
特別是在遠東方面變化更大，此處已成立滿洲國。予回
德後最初曾請假半年，從事休養，其後之一年半光陰，
予即供職在外交部之遠東司。留德期間，予先後歷經
二十五大城市，予曾向每一城市中之當地工商界演述有
關滿洲新國之關係。當予居柏林時，每天接待往詢遠東
事件之賓客恆二、三十人，由此一點，即可表現出德國
與此新國家關係之日益繁切矣。予現已受命為香港領
事，定於下月一日就職，予乃得抽暇重臨舊游之地，作
些短時期之勾留。在香港德國僑民雖較哈埠德僑多不了
許多，然香港乃德國在遠東貿易之中心，而且多數之德
國輪船，均航行經此，故頗形重要也。

　　兩年來德國國內政治上所發生之重大事變，即希特
拉以政府反對黨一躍而為現政府之當局。該黨已為全國
民眾一致所擁護，希特拉及其左右亦極為國家所信任。
政治鬥爭之波瀾，雖稍平息，然國步維艱，新德意志固

仍在不景氣之環境奮鬥中也。

關於猶太人在德國之真實情形，我們的敵人常散放無稽之謠言，說希特拉黨如何加害猶太人，其實在希黨革命時期，絕無過去西班牙、法蘭西及赤俄革命時代之慘殺行為，且猶太人之在德國，總數不過六十萬人，約當全德人民百分之一，即柏林一帶猶太人較多區域亦不過佔百分之二。然以此少數之猶太人，因多佔重要地位，故其勢力頗為雄厚，特別是在報界、醫藥界、法界及藝術界。例如某大城醫院之醫生五十人中，竟有四十五人是猶太人，柏林律師三千人中竟有二千人是猶太人，即曾經一度甄別後，猶有一千二百人之多。至於猶太人所主辦之報紙，其在政治中心地影響之大，更不待吾言矣。即德國幾經縮減刷洗之工業界，猶太人亦並未無故被開除棄置街隅，失業者亦同樣得領到救濟費，從可知猶太人在德之權利，亦並未受剝奪也。惟共產黨人及社會民主黨人，在政治上失敗後不甘雌伏，猶力圖掙扎耳。

二　德意志與滿洲國之商務關係

我再重述一次，在德國方面對於新國家極為注意。予曾被人詢問在滿洲將來之商業問題及一般的情形，予以為此間局勢稍形穩定，德、滿商業即可謀大規模進展也。一切困難在德國對滿洲商業完全是被動的，如過去由滿洲輸入德國與由德國輸入滿洲的貨值，為百與十五之比例，近始變為百與二十之比例。在一九三二年由滿洲輸入德國之大豆共值一億二千萬金馬克，約合哈大洋二十萬元之譜，但此間訂購德國貨品則殊為寥寥，似此

種出入不平衡之現象，亟應加以考慮；或者由德方縮減
購買滿洲大豆之數量，或者由滿方增購德國之製造品及
機器，用資挹注，此並非求德、滿出入銖兩相稱之意，
此亦事實上不可能之事，不過須知德方不能長此任其對
滿出超，致礙及德國之預算平衡也。

滿洲之大豆大量的輸入於士鐵丁、漢堡及布列門等
口岸，並轉而供給各地民眾，此項大豆吾人固極端需要
也。在世界列強中，德國對於遠東最為注意。因吾人之
利益非政治的，乃純商業的，政治安全和平秩序尤為
商業發展之先決問題，故德國對於遠東極需要得到太平
也。自中日協定成立後，滿洲國之地位與勢力愈加日益
鞏固，歐洲各國對此新國家亦日加關切與信任。我再
複一句，德國與於滿洲之一切大小事故，無論何時均極
注意，且具好感。

二　德滿擴張貿易計劃
劉公使柏林來電

民國二十三年二月二十二日

南京外交部。七五號。二十二日。九十八號電悉。此事
亦有所聞，德報亦有登載，似德當局及一部份人，惑於
日本利誘大豆換機器，與日偽接洽經濟協定，德外部私
人談話亦模稜，似亦以此為慮。某德人密告謂，希特勒
不甚明瞭遠東情形，最好由傑乘機向其說明。傑今早謁
見希氏，詳告中德友誼利害及東省情形。彼注意發問頗
多。承午後即派參事回拜，聲明英報載駐日德武官曾持
希氏親筆書與滿洲接洽，全屬子虛云云。詳情待查，明

電復。國內如能引起輿論注意，此間得到反響較易進行。希氏談話詳情續聞。傑。

徐次長會晤德大使館代辦飛師爾談話紀錄

時間：民國二十五年四月二十九日下午五時三十分

地點：政務次長室

事由：德偽簽訂貿易辦法事

飛師爾代辦：關於德國擬在滿洲擴張貿易計畫，Kiep 在京時已曾迭次向張部長、陳次長及閣下詳為解釋，彼時 Kiep 尚未知此項計畫能否實現。現據確訊此事已經議成，大概明日即可在東京簽訂。以後德國或可在滿洲恢復以前商業之一部，因我方需要滿洲大豆，往時每年購量可達一萬萬元，近年已減至五、六千萬元，而德方因氣力給付外幣，幾無法增進貿易。依照現在新訂辦法，我方擬在滿洲購辦大宗大豆，其應付貨價在德國開一賬目逐次積存，滿方即可利用此項存款，購買德國機械等貨，如此我方可不必給付外幣而謀對滿貿易之平衡，同時我方大豆之需要，仍可盡量維持。此項辦法完全屬於技術的，毫無政治意味，此層務請諒解。

徐次長：此項辦法之締結係何形式？

飛師爾代辦：絕非條約。

徐次長：然則一種協定乎？

飛師爾代辦：似尚次於協定性質或係一種諒解。

徐次長：但確有文書。

飛師爾代辦：確有文書。

徐次長：當事者係何人？

飛師爾代辦：一方係 Reichstelle für Devisen Bewirts-Chaftung 或稱 Reichs devisenstelle（The German Administration of Foreign Exchange），一方係「滿洲國」駐日本大使。

徐次長：然則此係一種國際協定。

飛師爾代辦：但限於貿易上之技術問題，毫無政治作用。

徐次長：代表德方簽字者是否Kiep ？

飛師爾代辦。或係 Kiep 或係 Rosenberg。

徐次長：The German Administration of Foreign Exchange 之主管者是否 Schant ？

飛師爾代辦：是。

徐次長：聞 Schart 係希脫勒極親信之人？

飛師爾代辦：聞尚有若干詳細節目，須俟六月內方可議成，在詳細節目議成前未必公布。現在簽訂者係一種大綱，簽訂後或即發表一種公告說明其目的。

徐次長：可否先請將簽訂之文件，送我方一份，以備查閱。

飛師爾代辦：當電詢 Kiep。

徐次長：余與於上項消息頗為感謝。惟我方對於此事須
　　　　保留意見。

飛師爾代辦：德國政府擬將此項消息供給貴國駐柏林大
　　　　使館。

本日下午六時飛師爾代辦用電話告徐次長在東京簽定
之文件名 Trade Arrangement 滿方係 Manchukuo Embassy
in Tokyo 德方係 Germen Administration of Foreign Exchange
之代表。

徐次長又詢以可否將原約抄送一份，彼稱已電東京，尚
未得復。

柏林程大使來電

民國二十五年四月三十日

南京外交部，二六一號，卅日。張部長鈞鑒：今午德外
部經濟司長 Rotter 面告德、偽兩方，於今日在東京簽
訂合同，德向滿洲購買大豆，百分之七十五付現款，百
分之二十五記帳，在德購貨，此合同純為商業性質，絲
毫不含承認偽國意義。詢其雙方何人出面簽字，謂德方
以貿易局名義，滿方以何名義渠不知。詢其貿易局亦係
政府一機關，寧非含有德政府與偽政府訂商約之意義，
渠含糊其詞。詢以期限，渠謂大約一年期滿如不取消即
續一年。詢以數量，渠答不知，惟均衡在滿購買大豆，
值日金一萬萬圓，合同原文渠云未見，允到部後送使館
一份，謹聞。我方應持何態度請速電示。程天放叩。

外交部致駐柏林大使館電

民國二十五年五月二日

Sinoembassy Berlin，二八九號。一日。二六一號電悉。
此間德代辦亦於二十九日來部述告此事，並謂偽方係
由駐東京大使館代表，合同係用 Trade arrangement 名
稱，現暫不公佈，或先由簽字雙方發一公告等語。德代
辦已徇我方之請電請 Kiep 抄送該項文件，本部告以在
未研究全文前，暫行保留意見，該館亦可持此態度，但
應先表示我方不滿之意，特此電洽。外交部。

駐德使館柏林來電

民國二十五年五月二日

南京外交部。二六三號。二日。二百八十九號電敬悉，
昨德國國慶放假，擬下星期一往德外部達我方意旨。昨
德晚報載東京電，已將訂約經過披露，但曾聲明不牽涉
承認問題，並有滿洲國係在日本指導下，曾經國聯大會
否認等語。駐德使館。

附註：289 號去電，關於往與偽滿商務合同事應先表示
　　　　不滿意由，電報科謹註。

致駐德使館電

民國二十五年五月五日

Sinoembassy Berlin，二九一號，五日。二百六十四號電
悉。德、偽協定抄本已交我方之說，完全不確。德代辦
昨日在滬晤 Kiep，今日回京來部稱，德外部將於本月
二十日可接到全文，在未見全文前不能公布，接到後擬

先發布一較詳之概要,或由德代辦向本部口述概要。德方確係 Kiep 代表外滙局簽字,偽方係駐日大使代表「主管當局」簽字。本部告以在未見全文前,無從考慮內容,但就形式言,此項協定係德國政府機關與偽國外交代表所簽定,我方不能不認為十分遺憾。現德方既不公布,又不抄示全文,更有締結密約之嫌,故堅請抄送全文,該代辦力辯非密約,亦無秘密條款,雖不能擔保抄送全文,當催請政府照辦云云。彼又強稱外滙局隸屬 Reichsbank,係半官機關,希將該局性質調查明確後迅即電告。又今日談話中,德代辦提及我方通車通郵案,經答以各該案均無簽字文件,且並未與偽方外交代表商協,其性質與德偽協定迥然不同等語,特電接洽。外交部。

徐次長會晤德國大使館代辦飛師爾談話紀錄
時間:民國二十五年五月五日上午十一時五十分
地點:政務次長室
事由:德偽商務協定
飛師爾代辦:余昨日在滬晤 Kiep,所有簽訂德滿協定經過情形,彼已約略告余。彼稱德國需要滿洲大豆係屬實情,而德方購買大豆,不能全部給付外幣,故不得不訂立技術上之辦法。此次簽訂之合同,不過一種清償價款之約定,毫無政治意味。德方擬購大豆一萬萬圓,貨價之四分三用外幣(如英鎊美金等)給付,其餘四

分一在橫濱正金銀行德國分行（該行在
柏林漢堡均設分行）開一馬克賬戶，滿
方可隨時利用該賬購買德國貨品。關於
公布一層，Kiep 個人不甚贊成，因公
布後必將抬高大豆價格，猶之德國與南
美各國亦曾訂有購買咖啡辦法而均不宣
布，蓋慮宣布後勢將增加咖啡市價之
故。但現在余已接到德外部來電謂：
「簽訂之件將由外交信帶差至柏林，約
本月二十日可接到，在德外部未閱全文
之前，當然不能公布，一俟接到後當即
定期發表一詳細之概要。」余處接到全
文後，亦可將詳細概要口頭述於中國外
交部，但余處尚未接到全文，故頃所說
明者，係屬私人而非正式性質之談話。

徐次長：（談話時適接駐德大使館二百六十四號來電）
本部適接駐德大使館來電，據稱德外次面告
程大使，十日後可接到全文，但聞全文已交
中國政府云云。此項消息，似與貴代辦所云
不甚符合。

飛師爾代辦：余之訓令確如頃告閣下者，我外部確知
本館並未將全文抄送貴部。

徐次長：究竟雙方簽字者係何人，係何機關？

飛師爾代辦：在德方係 Kiep 代表外滙局，在滿方係
駐東京大使館代表主管當局 "for the
competent authorities"。

徐次長：現在本部尚未閱悉全文，故對於內容無從研
　　　　究，但就形式觀察，此項契約或協定或辦法
　　　　或具有任何名稱之文件，係德國政府機關與
　　　　所謂「滿洲國」外交代表所簽訂，我方對此
　　　　不能不認為十分遺憾。

飛師爾代辦：但外滙局隸屬 Reichsbank，祇可謂半官
　　　　　　性質。

徐次長：豈外滙局不受政府之管理乎？

飛師爾代辦：國家銀行與外滙局之存在，當然依據一
　　　　　　種法律，但並非絕對的政府機關，猶之
　　　　　　貴國中央銀行亦非絕對的國家機關。

徐次長：中央銀行已有商股。但聞貴國國家銀行，尤
　　　　其外滙事業，完全屬於政府所有。總之德方
　　　　簽字者，顯係代表德國政府機關之一部。協
　　　　定之性質，據貴代辦所述及程大使之轉報，
　　　　果屬限於購貨計價辦法，我方非不能諒解，
　　　　但貴方何以必須與偽國外交代表簽訂？前據
　　　　Kiep 面告此項計畫正與正金銀行進行商議，
　　　　我方以為縱有簽字文件，亦將有正金銀行出
　　　　面，而現場彼方當事者，竟係偽國駐日大
　　　　使，此不能不令人認為遺憾。且此種協定尚
　　　　係首創，而此創例，竟出於我方認為與我友
　　　　好之德國，尤為失望。

飛師爾代辦：恐非首創。貴國因事實上之必要，關於
　　　　　　通車、通郵，豈未嘗有同樣規定技術的
　　　　　　辦法乎？

徐次長：　通車、通郵等案絕無簽字文件，且並未與「滿
　　　　　洲國」外交代表進行商議，其性質與德滿協
　　　　　定迥然不同。

飛師爾代辦：閣下反對者是否屬於形式方面，對於實
　　　　　質並不反對？

徐次長：　我方既未接到全文，調於內容自不能發表確
　　　　　切之意見。在貴方簽訂此項協定之動機，據
　　　　　Kiep 及貴代辦先後說明，我方固甚明瞭，但
　　　　　我方之態度仍須視協定之內容而定，故仍請
　　　　　貴方抄送正確全文，在未接到全文前，我方
　　　　　保留應有之見解。至關於形式方面，既據貴
　　　　　代辦指明簽約之當事者，我方第一印像，即
　　　　　德國政府與偽國政府已發生一種關係，此種
　　　　　印像自屬不可避免，倘貴方不予公布，又不
　　　　　抄示全文，則不能不令人疑為德偽或已簽訂
　　　　　秘密協定。

飛師爾代辦：（出示五月四日中央社英文電，內稱此
　　　　　項協定之締結，等於事實上承認偽國，
　　　　　又謂此外有無政治及軍事合作計劃，頗
　　　　　可注意等語。）此種消息及評論，實屬
　　　　　太無意味。此項辦法之簽定何得謂等於
　　　　　承認「滿洲國」。至謂政治及軍事合作
　　　　　辦法尤屬無據。此次簽訂者絕非秘約，
　　　　　亦無政治條款。我方對報紙肆意攻擊，
　　　　　殊感不快，深望貴部能用其力量，使報
　　　　　界在未見全文前，勿作無謂之評論。

徐次長： 本部除前日曾非正式發表一對於德方並無不
　　　　利之消息外，未嘗有隻字登載報紙。至輿論
　　　　界發表其自然之感想，亦非政府力量可以左
　　　　右。但余觀察報界言論，尚無過分之詞。一
　　　　般評論者就中德邦交立論，亦屬當然。德方
　　　　若將原文全部公布，則報界或將就事論事，
　　　　不致有猜測之詞。

飛師爾代辦：閣下可承允今日談話不予發表乎？

徐次長：可。但請早日抄送全文。

飛師爾代辦： 余雖不能擔保抄送，但當催請政府照
　　　　　　辦。今日之談話請視為係私人而不公開
　　　　　　之性質。

徐次長：余同意。

飛師爾代辦：余最後向閣下重言聲明，雙方簽訂者絕
　　　　　　無秘密條款，閣下信予乎？

徐次長：但願如是。

駐德大使館柏林來電

民國二十五年五月五日

南京外交部。二百六十四號。四日。今日晤德外次談半
小時，告以政府對德滿商約不滿意。渠否認商約，謂
日、偽政府意欲使德訂商約，德為避免誤會計，僅欲訂
購貨合同，絕不含政治意義，路透電載恐有挑撥意。經
告以他國感想或非如是，在中、德友誼融洽時，德有此
舉，殊覺遺憾。答德年非購大豆不可，如無合同，則概
須付現，故不得已而訂合同。又謂聞偽國不久亦將派經

濟考察團來德，詢以有何使命，答稱不知，詢合同原本，渠謂外部恐須十日後始能收到，但聞已交中國政府。最後表示在未詳細研究條文前，中國政府保留對此事最後意見而辭出。究竟原文已送部否？部中尚有何主張？請電示。

三　德滿貿易協定
協定全文
德國與滿洲國主管當局之代表，為促進兩國貿易關係起見，於證實其全權後，協定如左：

第一條　德國國外滙兌局允許價值一萬萬元之「滿洲國」貨物（其價值係根據成本、保險費及運費計算），於一年期內輸入德國。

第二條　本協定第一條所稱之輸入貨物，其四分之三（七千五百萬元）以外滙付款，其四分之一（二千五百萬元）以德馬克付款。此項現款部份在滿洲國當局指定之銀行，開一特別戶名，作為德國貨物輸入滿洲國時償付價款之用。

第三條　如德國滙兌狀況因不可預知之情勢，致使德國國外滙兌局無法依照本協定第二條之規定，於一年期內償付七千五百萬元之外滙時，則第一條規定之輸入額之價值，得減至六千五百萬元，其貨價四分之三以外滙償付，四分之一以德馬克償付。

德國國家銀行在一年期內，因德國對日貿易積有外滙盈餘超過六千三百七十五萬元之數，德國應用於前節所規定以外滙償付之「滿洲國」輸入貨物額以外，其超

過之額，加購滿洲國貨物輸入德國。但以德馬克償付之輸入額，亦應增加此項外滙超過之額三分之一之數。

第四條　滿洲國當局應採取必要辦法保證德國貨物（其價值根據成本、保險費及運費計算）於一年期內充分輸入滿洲國，俾同一期內第二條所規定列入特別戶名之德馬克得全部利用，惟此項德馬克之數額得依第三條之規定變更之。

第五條　德國貨物運往滿洲國須附有貨單，由出口商在貨單上載明其為德國貨物，並須附有出口證書，出口商依照德國統制外滙之法令，用此項證書將貨單所載之價額通知德國國家銀行。此項文件均應呈送滿洲國海關當局。滿洲國海關當局如發覺任何德國貨物未附出口證書，即應將該出口商姓名，貨物之情狀以及貨單所載之價額通知德國當局。所謂滿洲國海關當局係指大連 Seishin Rashin 及 Yuki 之滿洲國海關當局而言。

第六條　滿洲國貨物經由第三國輸入德國者，如其價款之償付係根據德國與該第三國間清算或抵補協定行之者，應不在本協定範圍以內。

第七條　依照本協定，德滿兩國間之私人貿易清付行為，須得兩國當局之許可。

第八條　德滿兩國間貿易額，應由雙方主管代表於每三個月在柏林查算一次。其因第三條之執行而發生之問題，即得於此時由上述代表磋商解決之。

第九條　如一年期滿後，本協定再行繼續，而滿洲國輸入德國或德國輸入滿洲國之貨物總額不足，或超過本協定所規定之額數時，其次年應規定之貨物額數應加

上此項不足之數，或減去此項超過之數。

第十條　本協定第二條所稱德馬克特別戶名之設立，以及運用此項特別戶名之條件，應由德國國家銀行與第二條所稱之銀行協定之，此項協定應經兩締約國之同意。

第十一條　因鑒於德國對滿輸出均由銀行貸款為之，滿洲國當局不採取任何辦法阻止此種貸款之至少即百分之二十五，由第二條規定以外之銀行經手之。

第十二條　德滿兩國於本協定生效前已成立之貿易行為，如其價款償付係在本協定有效期內者，應各包括於第一條第四條所稱之年輸入額中。

第十三條　（一）本協定內所謂「一年之期」，係指本協定生效日起一年之期。

（二）所謂「德國貨物」係指完全產於德國或在德國經過具有經濟上理由之重要改製手續之貨物而言。

（三）所謂「滿洲國貨物」係指完全產於滿洲國或在滿洲國經過上述重要改製手續之貨物而言。

（四）關東租借地之貨物視為滿洲國之貨物。

第十四條　本協定自一九三六年六月一日起生效，以一年為期。

兩國締約國如欲繼續本協定，應於本協定失效前兩個月前進行磋商。

一九三六年　康德三年　月　日訂於東京共繕兩份

德國外滙局　滿洲國主管當局　代表

四　中國抗議德與滿洲國簽訂貿易協定

外交部致德國代辦節略

民國二十五年六月八日

案准德國代辦於六月一日交到一九三六年四月杪，在東京所簽訂之「德滿貿易協定」一份。外交部於詳閱該「協定」後，不得不有以下之結論：該「協定」實質上為一規定兩國間某種關係之協定，又為德國政府機關代表與所謂「滿洲國」代表所簽訂之協定，而德國政府深知所謂「滿洲國」為一以非法手段，造成且未經世界自尊國家承認之組織。中、德兩國睦誼素敦，而德國政府竟簽訂此種性質協定，不勝遺憾。中國政府雖不信德國政府已擇取與世界各國對於所謂「滿洲國」之共同態度相反之行動，但不得不詢明德國政府於簽訂上項「協定」之時，是否業已對於目前存在於中華民國東北各省之非法組織予以承認。盼即見復為荷。合即略達。

此件由徐次長於本日下午四時面交飛師爾代辦，該代辦詢及是否暫不發表，徐次長答以在未得復以前，暫不發表。

程天放柏林來電

民國二十六年五月二十一日

南京外交部。四四九號。廿一日。德外部經濟司長今晨面告，德偽商約延長三年，今日在柏林簽字，條件照舊未改。程天放。

五　希特勒宣佈承認滿洲國

王部長約晤德大使談話

民國二十七年二月十九日

二十七年二月十九日下午五時四十分，王部長在漢口官舍約晤德大使陶德曼，徐次長亦在座。

王部長略謂，近據報載德國對於目下中日戰事或將變更其態度，且有承認「滿洲國」之說。蔣委員長與政府同人以及本人均極關懷，深望此項傳聞完全無稽，中國政府並願中德之特殊友誼將繼續發展，進至更密切之合作。在德方似應保持其現今中立態度，俾將來對於中日問題之解決，有一貢獻之機會云云。王部長請德大使將以上各節電達政府。

陶德曼大使謂，彼除報載外並無所聞。惟知日方近來逼迫德方甚緊，廣田曾屢向德國駐日大使表示，日方對於德國以顧問與軍火助華之不滿，最近日大使曾與戈林會晤，日方似欲促迫德方與之接近。王部長與徐次長告以德日接近，幸勿以中國與中德間之友誼為犧牲，德大使謂彼亦深願如此。

德大使將王部長所云各節摘要筆記，允即日電達政府。

程天放柏林來電

民國二十七年二月二十一日

漢口外交部。六二一號。二十日譯呈。委員長、孔院長、王部長鈞鑒：極密。關於德國對遠東政策將有變更各節，前曾迭電奉陳。放原擬下星期往見德外長探詢真相，乃今日德國會開會，Hitler作三小時之演說，涉

及外交政策時，攻擊國聯為維持不公道狀態之機關。德外部面稱決不再加入，凡國際組織限制各國正式承認已成之事實者，德決不參加，因此現宣布德國將承認滿洲國，以拋棄過去不可解之幻想政策，而尊重現實。德國反對共產主義在任何地方發展勢力，日本如失敗，非歐美文化之福，僅為蘇俄之利。中國本身精神及物質力量，尚不足以抵禦共產主義，德國與日本訂反共協定，對華向來友好，為真正中立之旁觀者，希望東亞兩大民族恢復和平，如他方自始不作偏袒之勸告或許諾，而使中國注意自身處境之嚴重，對國聯不存倚賴，和解或早已成功。在反共立場，德認日本為安全之因素。日本雖得最大勝利無損於白種文化，如共黨勝利可毀滅數千年文化。德在東亞無領土興趣，祇願經營商務，故無偏袒何方之必要。但須知如共產主義勝利，則一切均歸烏有。德、義、日之聯絡為赤化之偉大阻力，希望其深切化云云。不惟以突然手段承認偽國，其袒護日本不復顧全我國友誼之態度，已昭然若揭。此後召回顧問，停止供給，均為意中事。在此種情形下，我方如無嚴重表示，似與我國國際地位有關。放認為政府似可明令召回大使，以表示與德之不滿。（放過去半載原以德黨部雖親日，德政府尚能保持中立，故竭力委曲求全，今則深感留德已無意義，為個人計，亦懇即准返國。）同時向德方嚴重抗議，並通知其他各國以示我方之堅決。德政府既已決定親日，政策無再變更之可能，我方再事敷衍，恐亦無效果可言，表示強硬，彼與我恐亦不過如此。管見所及，敬祈鈞裁。迅予電示，職程天放叩。

六　德外長的辯解及中國提出抗議

東京中國大使館來電

民國二十七年二月二十一日

漢口外交部。二〇九號。二十一日。本日日外省當局發表談話，略謂前以德偽通商協定後，德承認偽本屬時間問題，因種種情形以至今日，希特拉明察世界大局，甚佩甚服不合現實之國聯與沒落之蔣政權所受打擊，可想而知，日、德、義、偽防共關係益加密切。德國此舉超越物質利益而為友誼的表現。大使館。

程天放柏林來電

民國二十七年二月二十二日

外交部。六二四號。二十一日。急譯呈蔣委員長、孔院長、王部長鈞鑒：六二一號電尚未奉復。今日下午七時德外長邀放談話，解釋承認偽國為承認事實，非對中國有惡意。又謂德所最反對者為共黨，日本為東亞惟一安定勢力，如非日本，遠東恐早成共黨勢力範圍。德日訂反共協定時，原希中國加入，惜未成事實。德國現仍希望中日早日恢復和平云云。經告以中國反共經過及維護和平苦心，因日本侵略有加無已，步步進逼，不得已起而抗戰，非日軍退出，中國決抵抗到底，無妥協之可言。日本係侵略中國絕非反共，所謂滿洲國世人皆知係日本軍閥武力造成之傀儡，絕對不能認為由人民自由意旨組織之合法國家。年來中德邦交甚形敦睦，德政府前曾一再聲稱對中日糾紛取中立態度，今竟不顧對華友誼，承認偽國，實使中國政府人民異常不滿而予中德友

誼一大打擊。渠受日方宣傳已深，再三強辯。放乃引法
軍佔領萊茵河流域時，組織萊茵共和國之事實為證，渠
始無詞。談話約一小時，最後放告以現正候政府訓令，
俟訓令到當再來正式表示中國對此事之態度。渠謂後日
將赴明興請見次長，比告以此次事件重大，仍以與閣下
面談為宜。渠謂如此則須候余歸，倘奉電時，渠已離柏
林，是否先見次長，抑候德外長歸柏林再往抗議，請速
電示。職程天放叩。

德大使陶德曼晤王部長談話紀錄

二十七年二月二十二日下午四時，德大使陶德曼訪晤王
部長於漢口官舍。略謂德政府恐中國政府與人民對於希
脫拉之演詞發生誤會，特令彼向蔣委員長及王部長說明
德國承認「滿洲國」並非專對中國，而係實行其固定政
策之一部。該項政策專為對付不能維持和平之國聯與共
產主義。德國在遠東祇有商業上之利益，故對於現在中
日衝突，並不袒護任何一方而仍取中立態度。因是中德
友誼並無損害。德方深望我方報界論調勿太激烈，請中
國政府設法勸導云云。

王部長對於德國承認偽國舉動，表示我方甚深之失望與
遺憾。我政府不能不向德方正式抗議。至人民言論一
節，政府對於相當之批評自不能抑制，但可盡力之所
及，設法阻止過分之攻擊。我方深信德國對於中國仍將
維持過去之態度。我方對於德國大使個人之努力，雖未
成功，深為感謝，希望其繼續努力云云。

德大使謂仍當同樣努力云。

致德大使函

民國二十七年二月二十四日

逕啟者：德國政府現已承認中華民國東北四省內之偽組織所謂「滿洲國」者，中國政府聞悉之餘，深感遺憾。該非法組織原係出自日本之侵略，其產生之者、統制之者、維持之者皆為日本之軍閥，事實昭然，無待指明。世界各國對於不承認偽組織之原則，幾全體堅持遵行。且該偽組織之成立完全由於日方之武力一層，即德國自身亦嘗與其他各國正式確認。

中德邦交素稱敦睦，因是中國人民對於德國政府此次公布之行動，倍感失望，中國人民對於德國年來之發展，輒懷關切與了解之意。方謂德國政府與人民對於中國發生之事態，亦必以同樣情緒予以觀察。乃德國政府對於東亞現有之痛心事態，似有誤認或誤解之處。對於所謂既成事實過分注重，而未經正確之透視。凡承認主觀方面以為真正之事實，而對於該項事實之如何發生與最有關係方面之權利，未嘗詳加研究，則其推演結果，國際間進行其正當而有秩序之國交，勢必受其影響而趨凌亂。

基於上述各節，德國政府此次對於在中華民國領土內，非法產生之偽組織予以承認。中國政府不得不提出抗議。本部長順向貴大使重表敬意。

此致德國駐華特命全權大使　陶德曼先生閣下

中華民國二十七年二月二十四日

程天放柏林來電

民國二十七年三月五日

漢口外交部。六三八號。五日。二月二十四日送德外部
之照會，德外長已答覆，甚簡單，謂德政府對照會已詳
加研究，對中國方面理由認為不能成立。德國承認偽國
係事實上之必要，對中國絕無惡意，亦非對遠東糾紛有
所偏袒，希望中國再加考慮，能對德政府諒解，並盼中
德向來友誼能繼續維持云云。謹聞。原文是否電達，請
電示。程天放。

七　德滿修好條約
東京中國大使館來電

民國二十七年五月十三日

漢口外交部。三八〇號。十三日。（一）關於日本駐阿
富汗代辦勸駐阿蘇大使為日方充間諜事，此間蘇大使曾
向廣田提抗議。昨日堀內答蘇方謂，絕無其事，並謂蘇
聯機關報利用此事作反日宣傳，要求蘇方制止。（二）
報知昨載據敦賀情報，史丹林、瓦西羅夫及加倫將軍曾
密商對日、德軍事，加倫並對部下訓話謂，開戰在即，
此當係蘇政府對日、德、義用武之準備云。（三）德與
偽滿修好條約，昨在柏林簽字。該約凡四條規定設領待
遇及通商。本月底或下月初批准，換文後發生效力。大
使館。

滿德修好條約全文（譯自日文）
「滿洲國」及德意志國間修好條約：「滿洲國」及德意

志國，希望樹立增進友好關係之永久基礎，為完成此種目的起見，兩國政府決定締結條約，任命全權委員如左：

「滿洲國」政府——駐德國通商代表　加藤日吉

德意志國政府——外交次長　威思傑克爾　男爵

前記全權委員於交換認為良好妥當之全權委任狀後，協定下列各條款：

第一條　「滿洲國」政府及德意志國政府，應即開始兩國間之外交及領事關係。

第二條　在未締結領事條約以前，兩締約國之一方，關於其他一方領事館之承認，職權及特權，在相互條件之下，應與最惠國領事館，受同樣待遇。

第三條　兩締約國，應從速開始關於締結一般通商航海條約之交涉。此時任何一方應盡量應諾他方之要求。

第四條　本條約應儘速批准，其批准書於柏林交換之。本條約於雙方首都，由通商代表將兩締約國批准完了互相通知之日起施行。雙方全權委員，將漢文、德文有同一效力之本條約各二份，簽名蓋章，以昭信守。

「康德」五年五月十二日即一九三八年五月十二日訂於柏林。

「滿洲國」政府代表　加藤日吉

德意志國政府代表　威思傑克爾

程大使柏林來電

民國二十七年七月十六日

漢口外交部。七三六號。十六日。德意志通訊社昨正論

發表消息謂，五月一日德、偽所訂修好條約，已經雙方
批准發生效力。偽帝溥儀電德總理致賀謂，兩國邦交將
正式開始，並希望兩國共同努力於反共及維持世界和
平，並盼兩國文化經濟關係蒸蒸日上云云。德總理復電
大致相同。德外長與偽國務總理亦互致賀電。德偽互派
使節似不久即將發表，此間傳德政府將以前年赴滿考
察經濟之克樸，或現駐偽國商務專員Knoll 任駐偽國公
使。特電聞參考。程天放。

第五節　日義交換阿滿互認

一　義否認與日交換阿滿互認

劉文島羅馬來電

民國二十五年十一月十四日

南京外交部。一八六號。十四日。一九八號電敬悉。義
外部正式答復，兩月前日本駐義大使有此表示，義外部
至今未理云。又巴斯案清算文件，刻已送來，另郵呈。
劉文島。

附註：一九八號去電，係聞義將以日本承認其併吞西
　　　比亞尼為條件，承認偽滿仰即查明具報由，電
　　　報科謹註。

劉大使羅馬來電

民國二十五年十一月二十六日

南京外交部。一九〇號。二十六日。二〇〇號電敬悉。
義外部謂，駐滿領事直隸外部，絕非承認先聲，且已令

駐華大使向鈞部說明云云。如何之處，仍乞電示，以便內外相應。劉文島。

義大使訪晤張部長談話紀錄

民國二十五年十一月三十日

二十五年十一月卅日下午四時，義大使羅亞谷諾來部訪晤張部長，徐次長亦在座。羅大使首述本人奉命說明義政府最近與日本所為之了解，了解內容有三點：（一）日本撤銷在阿比西尼亞京城 Addis Ababa 原駐之使館，而在阿京另設總領館。（二）日本開設總領館之請求書，對義大利兼阿比西尼亞皇發致。（三）日本政府通知義政府新京政府，同意義國在瀋陽設總領館。以上為口頭了解，並無文書，此外亦無他項約定。關於瀋陽設領一節，義方正與長春當局接洽。羅大使又續述政府訓令，說明義國在瀋陽開設總領館的理由：（一）義國所以決定在瀋陽設領，實鑑於事實上之必要，（imspired by a healthy realism）義大利既係列強之一，對於政治上、商業上極重要之一大區域不復能超然不問。（Italy as a World Power, cannot remain any longer absent from a region of paramount political and commercial importance.）。（二）法西斯政府為慎防共產威脅，須在蘇聯東境設置瞭望站。（In connection with the policy of careful defence against communistic menace, the Fascist Government must place an observation post on the eastern Soviet border.）（三）義政府對於中國友誼的關懷之態度決不稍為變更，且與中國合作之

既定政策，更將使其活躍而發揚之。過去義方雖在
其他政治區域遇有顯明之仇恨而仍竭力貢獻合作，
但未嘗由中國得到相當答酬。義政府希望中國對於
中、義合作認識益清並有具體辦法之貢獻。（The
Italian Government does not intend in any way to modify
its attitude of friendly interest toward China, wishing on
the contrary to keep alive and develop its adopted (fixed)
policy of collaboration to which Italy has so substantially
contributed in the face of some noticeable enmities in
other political sectors and not always finding from (on) the
part of China on adequate corresponsion (response). The
Italian Government hopes China will always better show
her comprehension of this collaboration and contribute to
it with concrete steps.）
張部長以羅大使所稱「雖在其他政治區域遇有顯明之仇
恨」一語，意甚曖昧，請羅大使予以解釋。羅大使答稱
此指義國因與中國親善而遭日本之忌。
張部長詢以瀋陽設領之詳細手續。羅大使謂，彼所接訓
令未提手續，須請示政府後始可答復。
張部長謂，關於日本承認義國征服阿國與在阿京設領之
舉，暫置不問，惟義國在瀋陽開設總領館，與偽國之身
份有關，因詢羅大使，義方此舉是否為偽國之承認。
羅大使答稱，彼訓令未提承認問題，惟現在開設者係總
領館並非外交機關，且不在新京而在瀋陽，故不能認為
承認。
張部長提議，義國既不承認偽國，今日晤面後，可將此

項消息公告之。

羅大使初表示同意，惟請預先擬稿。張部長遂請情報司李司長入室。由徐次長用英語讀出，李司長筆記。大意謂羅亞谷諾大使向張部長保證，義政府對於滿洲現存政權並無承認之意。羅大使對「無承認之意」表示反對，旋改「並未表示承認」。羅大使仍覺為難，力辯義國在法律上決未承認，而在事實上是否承認，各人解釋不同，須視設領之手續而定。張部長最後請羅大使詢政府後予以確切答復。

羅大使說明法西斯國家與日本接近，非對中國，實為應付歐洲政治。因法西斯國家缺少海軍力量，今欲藉日本海軍力量控制海面。羅大使於五時卅分離部。

外交部致羅馬使館電

民國二十五年十一月三十日

Sinoembassy Rome：二〇五號。卅日。今日義大使來晤部長，謂奉政府令說明下列三事：（一）日本須將駐阿京使館撤消，另在阿京設總領館。（二）日本對義君主兼阿皇名義請設總領館。（三）日政府通知義政府，新京政府同意義政府在瀋陽設總領館，此為義、日兩方口頭了解，並無他項約定。義國須在瀋陽設領，實因商務上之必要，並為防禦共禍，不得不在蘇聯東境設立瞭望站，希望中國繼續與義合作等語。部長詢以瀋陽設領館是否承認偽國，彼答稱領館並非外交機關，且不設偽京，當非承認。告以我方擬即公告，義方並無承認偽國之意，彼有難色，謂法律上當然未予承認，事實上已否

承認，須視瀋陽設領之手續而定，允即電羅馬詢問。義使又謂依彼看法，義國不致加入德日協定，但亦須詢問政府。至義、德間確已成立反共諒解，惟不如德日協定之具體耳。本部擬俟義大使奉令確復，並設法證實後，再定措置，希即往晤義外長，就此間義大使所告第三點詳細詢問，請其確答。義政府已否承認偽國，如未承認，是否準備承認。盼電復。外交部。

參謀本部致外交部函附抄件

民國二十五年十二月七日

抄件

密訊。日大使杉村陽太郎與秘書渡邊、武官沼田確曾向義外長及東方司、軍政部數度密接。當齊亞諾（意外長）Ciano 初升任部長時，杉村曾向之表示「日、義關係過去非常親好，希望貴部長始更進一步」，即提出：（一）日本願與義交換承認滿洲國與阿比西尼為義國領土。（二）日、德、義聯合防俄防共軍事合作；並謂日本願以東洋憲兵自任；Ciano 當經口頭允諾，謂當轉報慕相請示。及後日使館曾數度派參事、秘書、武官密向義外部、軍部接洽，日大使杉村曾一度親謁慕相，同日有德大使往謁，從旁鼓助，聞已得簽覆如下：（一）將義國駐滿洲領館統屬於駐日東京義國大使館作事實之承認，總領事並由駐日使館之參事兼任。至交換承認案，則須請日方先表示。第二項聯合防俄共案完全同意，並決定密派東方學院副院長 Tucce 以赴東洋講學為名，密促此案實現。現該院長經於十月廿三日離羅馬乘十一月

二日康德羅素船赴日，日使館特派員隨往。日大使杉村
且親到車站送行。此事關係我國前途至巨，懇注意。最
近日武官沼田返國（乘十一月十七日淺見丸，）即負有
此項使命。右件抄送外交部。

參謀本部啟　十二月七日

義大使館秘書斐賚樂與徐次長談話紀錄

民國二十五年十二月十六日

十二月十六日上午十時，義大利大使館斐賚樂秘書進謁
徐次長稱：奉義大利大使訓令，對於十二月三日張部長
會晤義大利大使時所提各點，予以答覆如下：

（一）義大利政府對於正式承認偽國事，至今迄未予以
考慮。義大利在瀋陽設立總領館之決定，其原因在於需
要保證義國在該地帶利益適當之保護與其他各國在該處
已有領事代表者之舉動，實事同一律。

（二）關於防共辦法，在德日協定成立若干時以前，義
大利政府與德國已得有一種之了解。

（三）加入德日防共協定一事，義大利政府尚未考慮
及此。

徐次長稱：義德了解，於中國政府並無首要之關係。惟
鑒於東亞之一強國與德國訂有一性質類似之協定，本人
對於下列各點殊願得知詳細情形：即（甲）德、義了解
之性質，（乙）該項了解口頭的抑書面的。本人希望斐
賚樂君對於各該問題能供給進一步之消息。

斐賚樂秘書對於徐次長所詢各節，表示知悉，允予轉向
義大使請示。

徐次長繼稱：關於承認偽國問題，本人個人對於義大利政府之答覆頗感失望。徐次長詢問是否可以了解義大利政府對於滿洲傀儡組織雖未計畫正式承認，然已事實上予以承認。又徐次長正願知悉瀋陽義大利總領事執行職務證書，係由何方發給。至關於其他各國在滿洲領事代表問題，徐次長指明就本人所知，自一九三一年九月十八日以後，無論何國，未有在滿洲新設領館者。義大利總領館實為新設領館。徐次長詢問義大利政府對於承認問題，是否將發表任何公開聲明。並探問義大利除在瀋陽設領外，在其與偽國關係上，曾否採取或將來是否採取任何其他步驟。最後徐次長聲明本人願引起義大利政府對於特別國聯大會一九三二年決議之注意。依照該項決議，凡國聯會員國對於所謂「滿洲國」云者，不能予以法律上或事實上之承認。

斐賓樂秘書聆悉上述各點。稱當為轉達義大利大使。惟關於事實上承認偽國問題，斐賓樂君表示本人個人意見，義大利政府已為此項承認。

義大使晤張部長徐次長談話紀錄

民國二十五年十二月十八日

二十五年十二月十八日下午四時，義大使羅亞谷諾來部訪晤張部長、徐次長，對西安事變與蔣院長之安全，表示義外長齊亞諾十分關懷之意，繼提及關於義、日了解事，斐賓樂秘書於十六日答復徐次長及徐次長質詢各節，略謂義國未曾考慮「滿洲國」之正式承認，極為明晰，而中國政府最為關切者，似為義國是否已經事實上

承認「滿洲國」，此純為事實問題，應由法律家及國際學者予以研究。在某種現狀之下，因事實上之必要，不能不有往還，因此種往還，評論家或指為事實上之承認。譬如阿比西尼亞現為義國征服，各國因種種關係不能不與該地義當局有所接洽。又如中國與「滿洲國」之通郵協定，亦係一種事實上之承認。總之，義國並未故意對「滿洲國」予以事實上之承認，而因某種事實上之往還，或可認為已予事實上之承認。

徐次長指明阿比西尼亞與偽滿之不同情形，又辯正通郵事，我方並未與偽滿訂有協定，乃係與日人所為之了解，而日人以非法武力佔領東北之事實，為我人所不能否認者。至義國在瀋陽設領，其領事證書必以偽國之溥儀名義所發，而同時日本在阿京取消使館，改設領館，此自旁人視之顯係交換的承認。

羅亞谷諾大使說明日本在阿京改設領館，與義國在奉天開設領館係屬兩事，前者已由義政府公布，後者尚未公布。

張部長詢以可否由義方向本部請求在瀋陽開設領館，由我方發給領事證書。

羅亞谷諾大使謂瀋陽開館，去年已與貴部辦妥手續，後因「滿洲國」不許，故不得不與彼方商妥。且義國所以有此舉者，實欲中、日兩國恢復其邦交，而義國既與日本得有諒解，可在中、日間任斡旋。羅亞谷諾又暗示最好中國於此時放棄滿洲，定一界線在十年、十五年內力圖振興。

張部長告以中、日問題，不如羅亞谷諾大使所意想之簡

單，縱放棄東北，仍不能解決中、日間之局面，因日本即不欲以十年、或十五年自強之機會給予中國故也。

徐次長請義大使注意一九三二年國聯特別大會報告書內，關於各會員國不得對偽國予以法律上或事實上承認之建議。義大使辯稱，義國未嘗給予事實上之承認，如有事實上之承認，並非出於義國自願的。

最後張部長希望義方勿再與偽滿發生其他關係。我方對於義國在瀋陽設領一事，當予以考慮並保留適當措置。

二 義宣佈承認滿洲國

中央日報剪報

民國二十六年六月一日

（中央社羅馬三十日哈瓦斯電）日大使杉村頃向外交使者報談稱，意、日不久將簽訂正式協定，並謂意、日兩國邦交，素來敦陸，日本曾在意阿戰爭時與意取同樣見解。日皇弟秩父宮不日將來聘問，此乃意、日友誼之表現云。

劉大使羅馬來電

民國二十六年十一月二十九日

漢口外交部。三一一號。二十九日。義政府今日宣布承認偽滿，並在偽京設使，除即向齊亞諾抗議外，如何應付，乞即電示。劉文島。

三　抗議義承認滿洲國

外交部致意駐華使館節略

民國二十六年十二月二日

備忘錄（譯件）

外交部茲向意大利政府致敬！並請注意中國駐意大使館十一月二十九日有關意大利在該日承認所謂「滿洲國」及在長春設立公使館一事之報導。

意大利政府此舉，顯然破壞一九二二年二月六日簽訂之華盛頓九國公約，而且意大利身為簽字國之一，竟亦違反為國聯一再採用為解決中日糾紛之條約規定。

鑒於中、意傳統之友誼，中國政府對於意大利政府採取此種措施，固深感遺憾者也。

中國政府決定維持其在此一事件中迄今所採取之態度，並請轉達意大利政府。

公元一九三七年十二月二日　漢口

四　日義滿簽訂商約

羅馬大使館來電

民國二十七年七月六日

漢口外交部。三六〇號。六日。密。（一）Ciano 將外調，外長由 Mussolini 自兼。（二）義日滿三國商約，已在東京簽字，義國輿論極表歡迎合作。大使館。

第二章
華北自治

第二章　華北自治

第一節　華北一般情勢

一　有田外相就任後的談話
談話全文

（一）日本對中國政策不變更

　　一班人因二二六事件，傳說我對外政策，尤其是對中國政策將有變更，此乃完全錯誤。我對中國政策，原為岡田內閣時代，廣田外相召開外務、陸、海軍三省會議而決定者，不因二二六事件而有何可以變更之性質，若該政策決定後，極東情形有若干變更，此僅使決定之對中國政策有更積極實行之必要，決不致發生一種非將政策本身變更之事。且此政策之決定，前外務次官重光氏首當其衝；重光氏將有派任駐華大使之說，對中國政策變更云乎哉。

（二）日本對華三原則

　　關於日本對華三原則，華謂論原則不若提出實際之具體案，所以今後談判與其提示及說明三原則，不如以三原則為基礎，向華提出具體案之為必要。但因察知中國是否出以誠意與興正覺悟，中日應行親善，在提示具體案前，為試驗中國有無誠意起見，須先使南京政府承認中日間懸案之解決，共匪共同防衛以及華北之特殊性，然後始示以具體案，方為得策。

（三）中國對日三原則

　　中國主張取消不平等條約等，日本毋寧表示同情，

而期其早日實現。但從中國實際方面觀之，此種準備
尚為欠缺，故此僅為時日問題，並不感受若何解決之
困難。

　　日本外交一元化問題，在日本亦痛感有此必要，今
後由外交機關負對中國交涉之責，因外務、陸軍、海軍
三省間意見一致，此亦不成問題。

　　中國方面所最擔心者，在日本是否不為侵略以及究
擬前進至如何程度為止，就本人所知，日本無侵略中國
之意。華北五省聯省自治作成所謂緩衝地帶，使「滿洲
國」方面不威脅中國中部，南京方面也不威脅「滿洲
國」，此即日本一種無侵略意思之說明也。但中國似猶
不能完全安心，此問題所以成為困難問題耳。

（四）華北問題

　　目前中日間成為最難之問題者，即華北問題。日本
方面希望造成華北五省聯省自治，其主權名義上屬於
南京政府，實際上成為獨立國家，對日本持善意之國
家，但南京政府方面則欲名實均屬南京政府，且強硬
主張之。

　　日本陸軍方面有人主張華北五省以名義上之主權與
南京政府，乃為不得已之事實，僅此一點，可以讓步，
此外則不能再讓，即是說華北五省事實上應成為獨立
國，為使此獨立國愈早實現愈好起見，須先使南京政府
對此加以承認，假若南京政府不承認，儘可促起自治運
動，使南京政府除承認而外無他法。但華北問題不僅中
日間之關係，且為對英、美之問題，若錯一步，且刺激
日、英、美間海軍之競爭，故上述作法不認為賢明作

法。我個人將令駐華大使對此點特加注意，並想盡全力使南京政府速承認華北之事態。

為使南京政府速承認華北之特殊性，一面向南京政府交涉，同時謀華北五省經濟之改善，樹立中、日、「滿」間密接之經濟提攜，使人民以自治為樂，此急務也。故余督飭最近新設之華北經濟調查會，使速調查經濟狀況，期能早日實現經濟提攜，對於此事更有與馬場藏相切談之必要，想馬場藏相亦認有此必要，所以不難實現也。

（五）共匪共同防衛問題

共匪侵入山西，閻錫山為之沒落，南京政府漸有代閻而握山西實權之勢，如此對於華北五省聯省自治乃生大挫折矣。日本對此應絕對阻止，對南京要求共同防共者，一面以阻止上述情事發生為目的，同時因宋哲元懼自身兵力之單薄，動則有被南京政府以背叛中央名義加以討伐之虞，所以華北駐屯軍及駐滿日本軍之增加，乃為當前急務。

（六）大陸政策與海洋政策

余意陸軍方面主張將揚子江以北中國之北部，完全置於日本霸權下之政策，時機尚早，在今日為危險，職是之故，寧贊成海軍方面所主張北守南進主義，向海洋發展，危險既少，且適合於日本之現狀。但此問題現均未決定，今後須注視研究交涉之如何而定耳。

外務方面可行外交上適當之手段，陸軍方面亦可依陸軍之見地，取適當之手段，以期貫澈外交政策。以上為外務、陸軍、海軍間協定之大綱。今後駐華武官依然

不經外交機關，得與南京政府要人商談，或隨意發表聲
明。所謂外交一元化者，亦不過就名目上而言耳。

川越大使的談話
談話內容

民國二十五年

一、外交之一元化

　　對支外交之一元化，為目下之急務。當滿洲事變突
發之時，余以陸軍軍人蹂躪外交官之職權，深感不快，
曾起衝突，其後因日本對國聯政策復與陸軍之意見不
一，卒致辭職回國。此次任駐支大使，當勵行外交之一
元化，對於南京政府將由外交機關，進行一切交涉。但
陸軍有其慣性，故欲謀實現，似非易事。

二、對支外交採恩威並行主義

　　我陸軍從來主張以力壓服支那，而我外務省則採恩
威並行主義。余亦深信後者比較賢明。將來到任後，將
本此方針行之，蓋世界決無不愛國之國民，支那人之國
家觀念無論如何薄弱，當國破之時，決無傍觀之理，故
日本欲以力征服支那，則支那人之反感，當然益深。日
支親善更感困難。倘日本與第三國戰，則支那加入第三
國無疑也。故余以為日支親善之要諦，在使支那人諒
解日本，確無領土的野心，否則具真正之日支親善無
望也。

三、對支進展應有耐性

　　日本對支求經濟的或政治的進展，自屬必要。但余
以為今非其時，待至二十年或三十年以後，則日本之國

力益形發展，立於優勢地位，其時對支發展當不難也。
余此次與陸軍交換意見之結果，凡屬高級指導者，皆知
性急，終至失敗。惟青年將校，邀功甚急，不免有失當
之行動，余已對陸軍之高級指導者表明意見矣。

四、對支三原則問題

　　日本對南京政府提出之三原則，目下已成進退兩難
之狀態，因之日本決定提出具體案，以因應南京政府之
要求。

　　「註」此時川越大使暫時沉默，似有所思，余（密
告人自稱）乃追問具體案之內容，大使謂事屬秘密，未
肯明答。

　　關於此事，俟須磨總領事自南京歸來，報告國民政
府之態度，然後定案，前往南京就任。

五、北支問題

　　關於北支問題，余以為冀東、冀察兩政權至合流之
程度，日本可以滿足。倘日本在北支方面，再謀政治的
發展，使北支五省歸我勢力之下，則南京政府以及一般
支那人，當然不能默視，必起反調。今日本陸軍以為宋
哲元已為日本買收，實則宋哲元亦支那人也，決不願日
本奪取支那領土，觀其態度之曖昧可知也。

　　然北支之政治的發展，極為陸軍所盼望。我政府亦
採此方針，似無議論之餘地，其要在不能過急，先求經
濟的發展，庶可減少抵抗，而免外國之反感。余對南
京政府，將由大局上說明利害，使北支在名義上，屬
於南京政府宗主權之下，而事實上許以自治，於日、
「滿」、支三國，均覺有益。若專持武力，強迫南京政

府承認日本之主張，則此時仍覺不宜。

六、關於增兵及與冀察政權結軍事同盟問題

余對此二事，均不贊同。以余所見，日本此時增
兵，向北支方面行政治的活動，殊非得策。至於軍事同
盟，則因解釋如何，亦可謂之為違反條約。是以外務省
多反對此舉。但陸軍側之氣燄甚盛，亦莫可如何也。

七、北支密輸問題

此事全然違法。日本不能辭其責。聞陸軍因密輸事
件獲利不少，然就大局上著眼，此種小刀細工決不可
行，駐在上海之喜多武官，關於此事頗難辯解。中國之
提出抗議者，乃理所當然也。故今後以停止為宜。

日東亞局長桑島遊華報告

報告內容

第一、北支問題

關於冀察政權之處置，實為解決北支問題之重點。
此事如不解決，則日本對於山東、山西，亦是莫可如
何。此外尚有俄國，利用北支問題之糾紛，離間日支兩
國，故解決北支問題為日本當今之急務。

關於此項問題，綜合關東軍、北支駐屯軍及北支方
面日本外交官之意見，大抵分為二派：

（1）日本此時對於躊躇巡逡之宋派及其二十九軍
宜以實力驅逐之，而代以親日之文治派人物，使北支成
為明朗化。

（2）日本求北支之明朗但為時尚早，蓋操之過
激，則遭南京政府之反感，而英、俄兩國必乘機利用，

使北支事態益形糾紛，於日本之立場更感不利，是以暫時維持現狀，較為賢明。

右記之（1）為關東軍、北支駐屯軍多數軍人所抱之意見，尤其少壯軍人，以為北支方面近來排日排貨及侮辱日本軍人事件，層見疊出，日本不能徒事觀望；其中有謂政府優柔不斷，而欲引起第二滿洲事變者。但在北支之外交官，多抱穩健的態度，而傾向於漸進主義。愚見（桑島氏）以為軍人之主張實至危險，且擔任冀察政權者尚無適當之人物，而俄國對於日本屢取挑戰的態度，故日支衝突宜力求避免，若在北支方面先行日支經濟的提攜，當可緩和南京政府對日之態度。同時，可使北支民眾因日本之經濟援助對日表示好感，否則欲求北支明朗，反遭支那人之惡感，殊非得策。惟南京政府利用宋氏之躊躇巡逡，行種種策動，以期掌握冀察政權並解消冀東政府，殊於日本不利。日本宜警告南京政府，使其改變從來之態度，認識日本在北支之特殊性，而得保持日、「滿」、支之圓滿關係。

第二、北支駐屯軍之增兵問題

北支排日運動之所以激化者，似以北支增兵及密輸問題為主要之動機。就中我駐屯軍因在北支各處建設大規模之兵營，不准一般人民窺視，於是支那民眾認為日本將以兵力占領北支，是以排日之氣勢為之激增。

至如北支駐屯軍首腦部之主張，則因北支排日之激化，冀察政權之無力，以及俄國對日之挑戰，更有增兵強化之必要（大約增至一個師團之程度）。聞已向陸軍中央首腦部建議云。

　　若依愚見（桑島氏），則北支駐屯軍之增兵，將更增北支之糾紛，且蘇俄必乘機策動，其於日本不利也明矣。故愚見以為今日增兵，尚非其時，宜勸陸軍當局從緩進行。

第三、北支密輸問題

　　北支密輸問題之所以嚴重者，當不外左列諸因：

　　（1）因冀東政權出現，而將從來之關稅減去四分之一。

　　（2）日本以為對於冀東政府繳低率關稅，即可稱為公然之貿易，但南京政府並未承認有所謂冀東政權，故認定此項為密輸。

　　（3）日本人未繳冀東政權所定之關稅，或與冀東政權之官吏互相結托以行密輸者，其數亦不在少。

　　（4）凡輸入冀東政權以內之貨物，必轉向支那各地販賣。

　　以上（1）、（2）兩項。日本對於南京政府之抗議尚有逆襲之餘地，若（3）、（4）兩項，則於日本之體面有關，似有嚴行取締之必要。聞冀東政權出現以來，上記（3）項頗見增加，日本人之中亦有獲巨利者，即此可以推知密輸之盛行也。

　　今欲解決密輸問題，不出下列二種手段：其一、促南京政府承認冀東政權及其所定之低率關稅。其二、日支間締結新關稅協定。

　　前者（其一）於南京政府之面目有關，欲彼承認似不可能，故舍締結新關稅協定以外，似無他途。日本之貿易受世界各處之限制與防止，惟有轉向支那方面，以

行傾銷而已，但日支兩國既為密輸問題互相反目，於日支貿易之發展殊有影響，故此時速結日支新關稅協定，實為當務之急。

第四、南京政府之對日態度

　　余此次與南京政府要人及其民間實業家操觚界之權威者，時有會談，其大多數對於日支國交之調整，似具相當之誠意。此因救濟支那之經濟財政若遭日本反對，則其結局英、美亦有躊躇，殊難達到目的。先般李斯羅斯之訪日，毫無結果而散，或亦南京政府轉向親日之一動機也。

　　同時揚子江沿岸各地之軍事施設，進行不已，此為蔣介石氏和戰兩樣之準備。聞南京政府以世界大戰，為期不遠，故行此種軍事施設，但其結局以日本為目標，不待言也。

　　南京政府之態度如斯，日本不能長此保持消極的靜觀主義。前對川越大使所發之消極的訓令，似有改正之必要。遇有機會，即當積極的謀日支國交之調整。

　　日本對支先求經濟的接近，南京政府似表歡迎，日支問題或可因之明朗。愚見以為對支三原則，暫不深究，先由經濟的提攜入手，似較妥當。

第五、上海日人被害事件（「註」本報告係根據海軍省軍務局長之談話）

　　關於中山兵曹事件之裁判，中國方面以證據不充分之理由，對於犯人有宣告無罪之形勢，因之日本海軍憤慨異常，乃主張再行澈底之裁判，嗣經有田外相與海軍省協議之結果，倘中國之裁判仍不表示誠意，則日本側

將根據所得之犯罪資料，促中國方面反省。

但現時中對於此案之判決，將行無期延期，故日本亦決定暫不追究，靜待解決。川越大使及近藤陸戰隊司令官請願，主張澈底追究此事，於是川越與近藤連名呈請外務、海軍兩省，主張擴大陸戰隊之警備區域，並增加配備之地點，以保僑民之安全。但此事與列國之關係甚形複雜，不易解決，如果事態緊急，自當別論，惟國民政府既以誠意保障將來不再發生此類情事，日本方面將要求至賠償損害及保障將來之程度為止，今外務與海軍之意見已趨一致，故此事亦可告一段落。

第六、中國西南派問題與日本

其後綜合各方面之情報，大致如左：

（一）日本陸軍方面，以為西南派係真心親日，故利用西南派牽制南京，今猶相信不疑。

（二）若日本海軍與外務則斷定西南派係擬裝親日，不久必變為抗日之態度，今不出所料，公然揭抗日之旗，是以海軍與外務促陸軍注意。

（三）依外務、海軍之見解，以為西南派之沒落，不過為時日問題，故利用西南派牽制南京政府恐終歸失敗，不如專在華北方面阻止國民政府勢力之增大較為賢明。

但海軍與外務對於西南派之利用，並未斷念，惟須停止小刀細工，以多額之宣傳費，向西南民眾宣傳親日，如其無效，則對於西南派之利用，暫以放棄為宜。

註：日本外務、海軍兩省，此時對於華北，以強化冀東、冀察兩政權為限度，尚無擴大事態之主張。

須磨總領事的談話

須磨總領事南京之談話

民國二十五年

第一項　南京政府之世界戰爭觀

南京政府認為第二次日俄戰爭，不易避免，且因日俄戰爭可引起第二世界大戰，其時英、美必援助俄國，以制日本，支那將利用此良好機會，施行萬全之策，以期奪同失地與國利、國權，此其多數之意見也。今彼極力整頓軍備，當然以日本為目標，此又不待贅言可知也。

第二項　俄支密約問題

俄、支兩國以日本為共同敵國，締結密約之說早有所聞。但是否屬實？至今尚不可知，南京政府既認為第二日俄戰爭不易避免，則日本當然為俄、支共同之敵，其間不免有一脈相通之情勢，故南京政府利用俄國，牽制日本之北支政策，亦屬意中之事。關於此點，日本必須特別注意。近來北支方面，尤其是冀察、冀東政權區內共產分子頗形活動，或者是俄、支聯絡之證據，亦未可知也。

第三項　英支關係

自李斯羅斯渡支以來，南京政府與英國共同對日之形勢，甚為明顯。就北支問題而論，英國以前本不重視且願與日本妥協，但目下英、支間之鐵道借款已告成功，而南京政府又感謝英國之財政的援助，故近來英、支之間益形緊密。關於北支方面之密輸問題，英國又聯合美國對日提出抗議，此亦不外英、支接近之結果也。

第四項　日英接近之必要

關於英國之對支經濟援助，日、英之步調始終不合，日本對於英國之行動採監視妨礙之態度，此為英國轉向支那之一原因也。英國外交之巧妙，世所周知，彼極力勸誘美國，一致對日，又與俄國以財政的援助，因之俄國之氣燄益張，對於日本毫不退讓。今日本受英、美、俄、支四國之包圍，已成孤立無援之狀態，實於日本深覺不利，故欲打破現狀，則日、英接近似為當務之急。

本以上理由，余（須磨氏自稱）已向日本政府進言：「對於李斯羅斯氏不宜持冷淡之態度，須勸此人再來日本作懇切之會談，以謀日英接近。」此言為政府所採納，是以李氏又有日本之行。今陸軍雖有反對李氏之空氣，然就日本今日之國際的立場設想，似不能不改變方針也。

第五項　北支密輸問題

關於北支密輸問題，英國對日雖提出抗議，然此種行為不僅限於北支方面，其他方面莫不皆然。

英國以香港為根據，向廣東方面盛行密輸，成為公然之秘密，是英國已無抗議之資格。余對外相進言，主張向英國逆襲者，其故在此。

第六項　西南派問題

最近南京政府與西南派之關係，比較惡化。惟是否開戰，不能斷定，即有戰爭而西南派是否屈服，尚屬疑問。

若蔣介石以武力壓迫西南派而能使之屈服，則除北

支方面，支那之統一可以完成，而南京政府之勢力益形增大，其影響所及，於日本之北支政策，必有不利。故為日本計，須仍援助西南，使北支、南京、西南三派成為鼎立之勢，庶於日本有利，惟西南派屢有抗日之宣傳，必須探究彼等之真意，然後可行有利之對策。

第七項　張外交部長之聲明

　　日前張外交部長有所謂對日聲明，其為真正親日乎？抑為敷衍一時乎？試就各種情勢，加以觀察如下：南京與西南派現時既形緊張，余為南京政府設想，暫時必捨二兔追逐政策，而採對日妥協方針，以便傾注全力掃蕩西南派，尤其北支方面之空氣異常險惡，亦可使南京政府對日取妥協之態度。

　　更就他方面而論，今日之南京政府既與英國接近，又有俄國暗送秋波，美國亦表同情於支那，其結果日本陷於孤立無援之狀態，彼可乘此機會慫恿英、美諸國牽制日本，使日本讓步，而自己則表示親善的態度，期得有利之地位。惟南京政府所期望者在完全掌握北支主權，此又與日本之北支政策根本不能相容，關於此點，若無解決之途，雖有許多聲明亦無益也。

第八項　北支問題

　　日本今日在外交上，陷於孤立無援之狀態，又與俄國有緊張之形勢，故積極行使日本之實力，使北支化為明朗，尚非其時，最好先謀日、英接近，並充實軍備，使俄國不敢挑戰，然後實行北支之明朗化，似屬賢明之策。今北支方面之日本軍人急欲立功，就大局上著想，此種盲進有百害而無一利，故此時對於北支方面暫求經

濟的發展，較為有益。

第九項　對支政策

余以為對支三原則過於抽象，而無效果，應向南京政府提出具體的方案，例如北支密輸事件，非亟謀解決不可。但此為對支問題，而非對英問題也。故使冀察、冀東兩政權滿足，而又不損南京政府之面目，似為目前之良法。

其次，關於北支問題，日支間實有試行妥協之必要。欲不損南京政府之面目，除暫時忍耐，採用他法以外，似無他策。至如增兵問題，余以為現在之程度可以滿足，不必再行增兵，惟對於北支五省，日本應講求萬全之策，不使南京政府在北支之地步更行鞏固，以免日本他日無伸手之餘地。

第十項　外務省之意見

外相與次官對於須磨總領事所述之意見，大體表示同意云。

二　日擬在華北組織第二國

蔣大使東京來電

民國二十四年六月十九日

南京外交部。二〇一號。十八日。呈閱。據密報，若輩以中國將趨統一，認為不利，欲在北方組織一反中央勢力，先以冀、晉、察、綏、魯為範圍，俾與中央脫離，以便為所欲為。現正積極進行，並欲利用閻主任為傀儡云云。　此計若成，無異第二偽國，望速密防，無使奸計得售，苟我內部能團結，外人自無法侵入。賓。

三　日對華擬提出十三條要求

唐次長會晤日使館雨宮武官談話紀錄

民國二十四年十一月十九日

時間：民國二十四年十一月十九日上午十時〇分

地點：外交部

事由：關於中日兩國間之空氣問題

雨宮：　近來外方謠言甚多，據聞參謀本部楊次長對人宣稱蔣委員長已將剿匪軍隊調回，準備對日作戰。又北平某大學校長亦與人聲言，此次蔣委員長提前返京，即專為對日準備開戰云云。如此人言紛紛，大有滿城風雨之概。為糾正此空氣計，本人希望下列三事：第一、請貴方設法防止謠言，本人擬請晉謁何部長，請其最好接見日本新聞記者發表談話，以釋群疑。第二、請蔣委員長宣明態度。聞本月十六日蔣委員長在中央黨部演說，外方對此觀感甚佳，何不對外發表其內容，藉以安定人心。第三、希望貴方有事實的表現，此際將擱淺之中日航空問題開始談判，有此事實的表現，亦息謠之一道也。

唐次長：　既知外方種種謠言之無根，儘可置之不理，似亦無特予以更正之必要，貴意各點，本人只能代達尊意，不能負責答覆。

日對華提出的十三條要求

　　　　　　　　　　　民國二十四年十一月二十一日

（一）停止現在英國經濟顧問羅司進行一切談判。

（二）華北區之魯、晉、綏、察、河北五省財政獨立。

（三）中國脫離國聯。

（四）承認「滿洲國」。

（五）中、日、「滿」三國合作創遠東經濟集團。

（六）須將粵、閩、浙、蘇、魯五省武裝解除。

（七）設立滿洲各地與揚子江流域各地間之客貨輸運便利機關，華北所有鐵道皆由滿鐵經營。

（八）軍事委員會取銷軍權集中於何應欽領導之軍政部，但實權仍須集中於行政院。

（九）停止中國反日運動。

（十）免張學良職，並將其軍隊撤退於陝西及西北各地。

（十一）對於剿共匪事宜，尤以西北各省，中、日兩國坦白合作。

（十二）日本觀察家日後得參加國民黨大會，以窺中國是否誠意。

（十三）中國對於政治、經濟、財政上，應完全放棄英美之援助。

四　英美的態度

郭泰祺倫敦來電

民國二十四年十二月二日

南京外交部。一四一號，二日。今午晤外相，詳細說明華北時局實情，並詢其態度，彼答：（一）英政府對華政策，以九國公約原則為依歸。（二）華北局勢甚所關切，已與美政府有所商洽。在東京亦有表示。此後仍繼

續如此辦理，一面令賈使隨時與我政府接洽陳報，一面
再與祺晤談。但目前格於國際情形，不能遽允何種有效
援助，致令我方失望。（三）深盼義、阿問題得一合理
解決，樹立國聯權威，則將來處理遠東問題，亦有力
量。特達。祺。

美國務卿赫爾向美報界發表其關於華北事件之談話

民國二十四年十二月六日發表

昨日（五日）美國務卿赫爾向北美報界發表其關於華北
事件之談話。茲從關係方面，覓獲全文特為譯載如下：
中國北部現正發生具有非常性質，並將有遠大影響之政
治紛爭。按照報告，此項變動，牽涉之人員甚多，行動
亦極迅速，且範圍廣大，意見又復紛歧。此事之將來如
何，無人能斷言。但無論起源為何，動作者為誰，方法
若何，而對於華北數省之政治地位及情形，予以重大之
改變一節，正有人努力作成之或抵抗之，則屬事實也。
中國任何部份之非常變化，當然的，必需的，不僅關係
中國之政府及人民，且關係所有在華享有利益之各國。
蓋在各國與中國之關係上及在中國以內，其條約上之權
利與義務，大概彼此相同。美國即此類國家之一也。
在所稱述之地域中，美國之利益與他國相同。蓋在該項
地域內，美國有多數僑民，有若干財產並有重要之商務
與文化各事業。是故美國政府對於事態之變遷，正為深
切之注意。
政治上之騷動及壓力，足以引起不安及疑懼，並足產生

經濟上及社會上之紛亂，而使條約權利之享受及條約上
義務之履行，均發生困難。

美國政府對於此類事糾之見解，無論其係關涉中國抑係
關係全世界，固素為舉世所周知。當此政治不安、經濟
搖動被及全世界之時期，就本國（指美國）政府之見，
各國政府及人民保持信義及誓約乃為最要之事，余固已
屢言之。在國際間之關係，必須有信約並須遵守信約，
庶幾能有信用、穩定及安全之感覺。蓋此種種乃為有秩
序之生活及進步所必需也。本國政府對於本國素來政策
之根本原則，具有不變之信仰。又本國政府對於其參訂
條約之規定，均堅守弗渝。並繼續期望一切國家對於其
鄭重簽訂各約之條款，亦一律予以尊重，蓋以此種條
款，固便利並調整各簽約國間之關係，藉期獲得相互及
共同利益者也。

于焌吉紐約來電

民國二十四年十二月七日

南京外交部。八十二號。七日。紐約時報記者 Abend
電稱，磯谷言中國政府管轄之銀行，近日擬售白銀與日
政府及日本銀行，如此即中國所謂之白銀國有，吾不知
國有意義安在等語。又昨電更正兩報社論，已與交涉，
並允更正。紐約論壇報日本社論謂 Hull 宣言，係警告
日本在華北製造自治運動，並無條約根據，日本應直接
負責此種行為，無異對與日有關之各國政府加以侮辱。
望電聞，于焌吉。

程伯昂北平來電

民國二十四年十二月八日

南京外交部情報司李司長鈞鑒：密。二十三號。日方以海會空氣不利，英、美並有強硬論調，故對華北停止軍事威脅，軍部亦令土肥原等讓步。蕭以冀察委員會徵土同意，經酒井婉勸，土始認可，我方關於經濟權益，亦表示讓步，俾土有以復命。該會人選多田交名單卅餘人，惟我方提出之曹汝霖、王揖唐，日方以曾領中央津貼不願同意，齊燮元、吳佩孚等均由日方提出。冀省位置初何部長主商、宋對調，宋不允，祇允商軍仍駐河北，衛部撤銷，宋任主席，蕭任津市長，至此遂告一段落。昂叩，庚（八日）。

五　華北政治機構和財政問題

唐次長會晤須磨秘書談話紀錄

時間：民國二十四年十二月三日下午四時〇分

地點：本部

事由：華北情形

須磨：本人此次赴平、津一行，有二事為閣下報告，但決非干涉內政，特作為本人視聽所得之意見對閣下一談。第一、華北之機構過於複雜，惟其複雜而欠單純，故遇事無明確負責機關，彼此意見亦不易於疏通，此次華北我方之抗議事項，即純因此機構複雜所致，否則抗議事項數月以來，早應肅清糾正，而決無庸此次舊話重提。

我方希望貴方或將華北問題全部歸中央辦理，
或另派大員負責辦理，如此有裨於華北政局必
非淺鮮。

唐次長：中央亦甚注意華北行政機關，且亦有意使之
更趨於單純，如撤銷北平政務委員會，即其一
例。不過貴方意見過於複雜紛紜，遇事橫生異
議，我方反不易有所措施，即如何部長本為軍
分會代委員長，中央欲其北上負責，但日方對
此亦有意見表示，故其本人頗為不滿而不欲前
往，倘仍如此下去，任何人均不願到華北去。
即如本人，如中央讓本人赴華北去，本人亦
絕不前往。故甚希望貴方勿多發類似雜音的意
見，讓我方得以從容妥為處置。

須磨：其次關於華北之財政，實嫌所養中央機關太
多，地方負擔太重，致地方應辦之建設卻無力
舉辦，似應改善。

唐次長：財政情形，係本一定系統，即中央有中央之收
入，地方有地方之財源，二者各不相混。如
關稅、鹽稅、印花菸酒稅、以及統稅，為中
央之收入，其餘田賦、房稅、屠宰等，則為
地方收入，各省系統，均屬一致，而不容紊
亂，倘地方財政困難，由中央酌予補助，但
亦係由整個國庫補助之，而非撥讓某一種稅
收與地方。反是，地方如有存餘，亦應呈解
中央，此之呈解，亦係由省庫統解，而非單
解某一種稅收也。

須磨：但兩市政府係中央機關，似應由中央開支。

唐次長：市政府之財政，係獨立的，有其獨立之財源。

須磨：河北地方，仍須供給張學良、于學忠等款項，
　　　又保安隊亦係中央機關，似不應由地方負擔其
　　　經費。

唐次長：關於供給張、于等款項事，本人毫無所聞。
　　　至保安隊地方機關，自應由地方負擔。至於整
　　　理地方之財政，中央夙所注意，河北財政，中
　　　央亦在謀其整理，惟此決非以其為華北地方之
　　　故，乃中央整個的方針。聞商主席對此，亦在
　　　銳意整頓中，但此純為我國內政問題，本人與
　　　足下談及此事，亦完全係以個人資格而言也。

須磨：甚冀中央對此事予以十分注意。

唐次長會晤須磨秘書談話紀錄

時間：民國二十四年十二月十日下午四時〇分

地點：本部

事由：關於華北機構財政等問題

須磨：華北自治機構問題，希望中央速將人員發表，
　　　早日成立，免因遷延，發生意外之糾紛，且中
　　　央對宋司令之職權，應明白予以規定，此節有
　　　吉大使亦曾談及。

唐次長：余甫自滬返京，詳情尚未得悉，在滬已晤有吉
　　　大使，並將有吉大使之意電陳中央。關於華北
　　　組織之人選及詳情，迄現在止尚未確定，因手
　　　續上，須經行政院會議通過，現新行政院尚未

成立，自不能不稍待，正如無母體不能產生子
體，但此係事實問題。

須磨：我方希望其及早決定，早日發表。否則諸事不
能進行。

唐次長：余以為有許多問題，仍可向中央談商。

須磨：但余以為就地解決，亦良有其便利也。

須磨：華北重要問題仍為財政問題，如舊日張漢卿時
代之辦法，或現在西南之辦法，豈不甚好，地
方收入留作地方之用，可促進地方之發展也。

唐次長：如閣下所提雖係事實，但以法律關係之，當時
河北地方之中央稅收，留供中央軍隊之開支，
此不過轉帳而已。張之軍隊，仍為中央軍隊，
其經費依法應由中央負擔，換言之，此仍為以
中央之收入作中央之支出，西南方面亦有同樣
情形，如關稅一項，從無分離之事，此點亦希
望閣下注意及之。

六　駐平外交特派員的報告

程錫庚密呈部次長（一）

民國二十四年十二月二十四日

部、次長鈞鑒：敬密呈者，華北外交狀況，自上次密呈
後，雖經香河之事變，各縣之自治鼓動，與冀東防共自
治委員會之設立，一時訛言朋興，人心為之不安，不良
分子，群思乘機起事，但日方自始至終迄未有大舉用
兵，佔我領土之準備。果我方內外一致，堅持到底，則
略事更張，本可應付環境。現冀察政務委員會業經成

立，日方在平津一帶所增加之兵力數百人，及錦州以西山海關以東所調集之五千人，均已陸續撤退。宋委員長以冀察兵權政權，既經統一，自信有維持地方，應付日方之能力。

查日方近在華北，或以日本財政之困難，或以歐美顧忌之深切，專避免正面的軍事侵略，而注重於利用我國不良份子，乘機暴動，且使該分子等矯造民意，自稱與日方無關。殷汝耕在通縣，屢稱其舉動為反黨而不叛國，並謂其所有日籍顧問均居於客卿地位，絕不干涉行政，渠個人更不受日方指示操縱等語。然在冀東防共自治委員會成立後，我方在通縣之駐軍，固經高橋武官之請求而撤退，現在如對該委員會實行免職查辦，日方又必以保護戰區為名，加以阻止。

察省沽源、寶昌、康保、商都、張北、化德六縣，自本年六、七月間，與日方約定不駐軍隊後，日方對於我保安隊之人數及地方行政，時有挑剔。該六縣或毗連旗地，或由旗地放墾，日方乃利用蒙古自治之標題，由多倫、察東司令部組織蒙古保安隊二千人，要求到六縣駐防。察省府未予允許，致有本月八日至十二日在沽源，十四日在寶昌之衝突。我方保安隊及保衛團傷亡二百餘人，該兩縣縣城終為蒙古保安隊佔據。其他四縣，經與日方交涉後，未被佔據。日方之用意，在促成六縣自治，歸多倫管轄，以卓世海為自治首領。

目前華北急待解決之問題，以冀東、察北為最要。如與日方磋商解決，則我方勢須讓步。如視為懸案，不與磋商，則事過情遷，日方認為已成之事實，無談判磋商之

餘地。況冀東防共自治委員會正謀擴充範圍，塘沽本在戰區以外，近亦由該委員會所管轄之戰區保安隊接防，我方駐軍且退出新河、軍糧城兩地。塘沽至天津，半小時可達，如該項保安隊進逼天津，則我方在津駐軍，亦成問題。

日方恃其優越之兵力，並採取擾亂之手腕，對我步步威逼，原不須以條約或協定或成例為根據。然日方對我方談判時，必謂其種種舉動，皆在條約或協定或成例範圍以內。辛丑和約，對於各國駐軍人數，未經規定，北平至山海關間，日軍遂隨時隨地任意增防。塘沽協定，僅謂我軍退至延慶、昌平、高麗營、順義、通州、香河、寶坻、寧河、蘆臺線之西南，究竟在各該縣城內，我方駐軍，應否退出，並無規定，日方必謂我方軍隊不能開入。本年六月間梅津司令所提覺書，雖未簽署，但日方飛機之任意飛行，憲兵任意捕人，與對於地方官之任意指摘，皆謂係行使覺書第二部之權利，而監視、糾正二項，則又語意含混，範圍無定。

華北雖暫時苟安，但危機四伏。學潮如不早日結束，則日方以防共為名，直接間接，不免干涉，而華北現有之政治制度，能否應付環境，則視日方對我中央政府最近之談判，有無進行之誠意。以上各節，敬祈鑒核示遵。肅此敬請鈞安。

駐平特派員程錫庚　十二月二十一日

七　張部長與須磨總領事談話紀錄

（一）

在座：楊雲竹

時間：民國二十五年四月十六日上午九時卅分

地點：本部

事由：

　一、為請同意川越任駐華大使事

　二、大使館地址問題

　三、蘇蒙協定及華北問題

一、為請同意川越任駐華大使事

須磨：今日來謁，乃為敝國擬以川越總領事升任駐華
　　　大使，請貴國同意。

部長：川越總領事之經歷如何，以及其為人若何，亦
　　　望告知俾便報告。

須磨：川越明治十四年生，今年五十六歲，較有田大
　　　臣仍居先輩，但入外務省較後，於有田大臣
　　　三年，曾任職歐洲，在德國使館任二等書記
　　　官，余爾時為三等書記官，與川越相知甚詳。
　　　其為人最沉著，在外務省中亦以沉著著名，寡
　　　言語，處事慎重，在本部曾任東亞司第三課課
　　　長，故與東亞局亦有關係。其歷任地有漢口、
　　　青島、吉林、廣州、天津等處，可謂走遍貴國
　　　南北各地，熟習貴國情形，故以其當今日之難
　　　局，最為適任。

部長：請將川越之經歷開列送來，以備參考。

須磨：回館當即開好送來，請部長將同意之手續惠予
　　　速辦。

部長：川越大使於任命發表後即行來任乎？

須磨：大概將回本國一行，但至及不過勾留十天或一
　　　星期即將來任。

部長：此事在下週當可提出行政院會議。

須磨：是否須報告國民政府？

部長：由本人呈行政院，提出行政院會議通過後，再
　　　呈報國民政府，由國民政府批轉行政院再轉到
　　　外部。

須磨：因有種種準備關係，仍請從速辦理。

二、大使館地址問題

須磨：余擬順便提出者，即為敝大使館之地址問題，
　　　此事已與陳次長談過，通過預算領到經費，倘
　　　再不決定，頗多不便，但因種種關係，迄今尚
　　　未決定，特請部長幫忙。

部長：是否已看過其他幾處地方。

須磨：已看過，但面積均狹小，大者四十畝或三十
　　　畝，另有和平門車站附近，有名紫竹林之高岡
　　　地方，亦任所謂風景區範圍以內，有松樹、有
　　　山，此地帶屬不壞，面積亦有百畝以上，擬請
　　　部長照拂，俾早決定。

部長：此事須與市政府商量，本人已與馬市長談過，
　　　馬市長謂雙方可指定人員，從速進行磋商，容
　　　再告馬市長。

須磨：以前所看四處，均不適宜，聞較高地帶，貴方
　　　不許使用，現希望地區即在英國使館對面。

部長：如貴方所希望面積甚大，無論如何不免有低窪
　　　地方或池塘之散在。

須磨：英、德使館地址已定否？

部長：尚未決定，因本國政府關係，尚未許可，德國
　　　則不需要較大面積，其所以尚未決定者，純因
　　　經費關係。

須磨：我方人數眾多，自然需要較大面積，今後擬將
　　　陸、海軍武官室，亦集合處，全體約及百人，
　　　故地面狹小則有困難，現在館員均分住於金銀
　　　街及漢口路一帶，故甚希望集中於一處。去年
　　　曾通過預算，但年度內並未支出，致大藏省方
　　　面亦有煩言。

部長：請與林幫辦一談。

須磨：希望最好能決定在紫竹林地帶。

三、蘇蒙協定及華北問題

須磨：蘇蒙協定事，貴國第二次抗議尚未有回答，
　　　然否？

部長：然。

須磨：貴國是否在等候回答？

部長：然。

須磨：滿、蒙國境一帶與蘇聯頻有小衝突。

部長：最近仍有衝突乎？

須磨：前天又有衝突，我方已有報告。一週前已有衝

突，其原因要在國境不明。

部長：國境委員會已決定設立否？

須磨：尚未商定，雙方所主張之境界線不一致，故易
　　　生糾紛。

部長：該項委員會如成立，可交該會明瞭劃定之，但
　　　何故尚未成立？

須磨：蘇方認為國境已確定，無更行協議之餘地。

部長：是否蘇方不贊成鑑定國境，而只主張調查糾紛？

須磨：大概如此，但本人尚不十分詳知，此事我方擬
　　　作地方的解決。但無忌憚言之，日本對蘇蒙協
　　　定之看法，所謂「第三國」云云，乃係指日本，
　　　蘇俄並不認外蒙為國家，如中國軍隊開入外蒙
　　　時，蘇俄是否默置，恐其必不能默視，故我方
　　　認為違反十三年中蘇協定第五條，現在我方甚
　　　重視中國之態度，即實際之處置如何，腹內如
　　　何想法，均我方所關心。在新聞紙上則另有一
　　　種看法，因為中蘇間前曾有不侵略條約之提議
　　　──此係事實，對日本亦有同樣提議──爰與此
　　　相關聯，觀察謂中國已與蘇方締有協定云云，
　　　其正確與否姑置不問，實有此種觀測。要之，
　　　我方對此事，實有重大之關心。具體的觀察此
　　　問題，則將歸結於華北問題，作為事實問題而
　　　言，中國之意見如何，結局是否與日本有取得
　　　某種諒解之必要，我方之關心，即在於此。貴
　　　方之所見如何？

部長：依余之言，長久以前，即已提及中日調整問

題，兩國間如何調整，如何一致行動，早已與日本商量，結局在中日間之辦法如何，雙方應仔細考量，專為理論之爭辯，決不能糾正感情，雙方不能一致，辦法如好，則感情可望善導，經濟提攜等，均可作到。我方所要求者，貴方已明瞭，儘可一步一步，逐漸進行。我方所希望，大都為消極的，雙方互相容納他方之要望，自可有相當結果。如貴方有案，請即提出商討。

須磨：部長與有田大臣亦已談及，中日雙方調整，一時縱不能作到十成，即作到四、五成亦可。

部長：一點一點逐次推進向好轉方面推動，此為吾人之使命，無論先難後易，或先易後難均可，要在將雙方要望相互容訥耳。

須磨：與蒙古問題相關聯者為華北問題，此實為當面之問題，對此，找出某種相當之辦法──縱或非長久之辦法──非先決問題乎。

部長：此屬當然，但欲樹立獨立政權，建設自治政府等等，則為我方所不能接受，請善注意及之。其辦法須為尊重主權不干涉內政之形式。倘欲使成為獨立政權，由中央分離，則為余之立場上所不能允許。如此有奉告者，中日間之前途將不可預測。目前為中日關係好轉，抑或惡轉之關鍵。華北一方面有特殊情形，復有複雜之關係，如何調整之，此「調整」之問題，乃為目下之要點，絕不能令其分裂也。閣下甚明瞭

　　此中情形，與余相知甚久，當深知余之為人，及余之思想，在新大使來任之前，請充分考慮上述各點，倘依余所述要領進行，余當然樂於應諾，否則余惟有退而讓賢耳。

須磨：願率直以陳者，在部長或蔣委員長或不如此想，華北自治運動以來，有一種莫知所自來之潛伏的空氣，認為須與日本開戰，我輩感觸所及，不禁以為一般中國人均如此想。此外有種種事實，如各處勵行軍事訓練，此為表面的事實，購買武器作防備工事等等，均足以使吾人有深刻之感觸。部長或不如此想，但一般均如此著想，結局是否被此空氣所牽掣，殊滋疑慮，此余所感及，容有錯誤亦未可知。

部長：並無錯誤。

須磨：日本有諺云「紳士不打架」。現為東亞大局計，如中日有戰事，則其結果將不堪設想，吾人考察其原因雖有種種，但華北問題，實為當面問題。我方人士亦多採「紳士不打架」之態度，以不發生戰爭為宜者。貴國亦有抱同樣見解者。此乃雙方之政治上之妥協點。最大限度與最小限度如何，妥協點何在，雙方之講傳，不可過於懸殊，懸殊則反易刺激民眾也。現在已達到必要之時機。去年自治問題之發生，貴方之見解，認為幣制改革，僅得英國之諒解，未與日本相商之故，今之外蒙問題，在動機上有充分之危險，為今之計，與日方取得諒解，提

出最大限與最小限，想一適當「辦法」，例如
財政部長或可提出走私問題，但余以為不提出
整個辦法時，仍不能解決，余本日並非奉有何
種訓令而來，特為部長一談私見而已。

部長：辦法須大家商量，日方以為務使華北為獨立政
權，我方則以為華北為民國之一部，統一上
不能受何破壞，但今日之事實，倘日本欲將
華北作為自己之物，則時局將惡化，不知伊於
胡底。要之，雙方不可趨於極端，如何調整兩
國關係，雙方應善為考慮，走極端則不可。我
雙方有體面主權等等關係，不能稍有忽視。至
所謂民眾之意思，政府固不當受其牽動，但吾
人不但未受民意之牽動，事實上反事事不惜抑
制民意，以求獲得妥協，此吾人之苦心所在。
又政府無論如何，總在避免戰爭，處處均作不
戰爭之打算，一旦中日打仗時，勝負固可分
明，但爾後之收拾善後，則不可預測，中國屆
時將出以何種之行動，亦不可預知。日本因以
為必勝，但戰勝而後，日方亦不能併吞中國。
至於戰爭之準備云云，日人或有此不安之感，
但我方乃因畏日之故，不得已而有此防備之處
置耳。至於謂此乃對日本欲如何舉動云云，則
未免過慮。貴方正可由此推知中國如何畏懼日
本，而汲汲於圖謀自衛之計矣，余為軍人，固
詳知軍事也。

須磨：但防衛之心理，隨時即可轉為攻擊的心理。

部長：在自己之領土內，從事防衛，如何能謂為攻擊。
　　　我方之處境，實為可憐，君試設身處地以思之，
　　　假定君為中國人，能不覺其處境為可憐乎。

須磨：另有可作為上述辦法之一材料，欲以奉告者，
　　　即對華北走私事，可否乘此重行考慮互惠稅率
　　　問題。

部長：此事實無法商談。因有漏稅之整個問題存在。
　　　此種方式最壞，即先作出不法事實，然後設法
　　　令他方強行遷就，此最予我方人心以惡劣印
　　　象，亦最足以刺激我人之感情，決非政治家所
　　　應有之舉動。

須磨：互惠關稅一事，以前已經施行，今日有復活之
　　　餘地乎？

部長：通商條約非早已滿期乎，何以不設法修改重
　　　訂。關稅雖非本人所管，經濟合作問題無整個
　　　商談之前，現在無法談起，蓋此類與貿易有關
　　　問題，與他國均有關係，非簡單事也。

須磨：此只作為上述辦法上之一材料而已，不知部長
　　　辦法已定否？

部長：應先由原則上著想，在原則範圍內，可以考
　　　慮。但閉門造車則不可，或在負責人相互會商
　　　以前，為側面的會商亦可。

最後部長告以吳震脩先生赴日，希望須磨電本國當局，
予以便利。須磨謂已電有田大臣，伊深佩吳之為人之真
摯與努力於中、日關係云。

謹註。十時四十分辭去。

（二）

時間：民國二十五年八月二十六日下午六時卅分

地點：外交部

事由：華北問題　綏東問題　西南問題　取締鮮人問題

須磨：敝大使此次自北方視察歸來，對於大問題自將為具體的談商，貴部長對此有何意見，甚願於聆教。目前對於通航問題，二十一日許大使晤有田大臣時，大臣甚希望此事實現，想許大使已有報告。此外，對一般的問題，貴部長感想所及甚願見教，以供參考。

部長：對通航問題截至今日止，余並未加以拒絕，此即表示余有意予以考慮，至如何進行，自須與主管官署商量，更須請示蔣院長。在未商定以前，恕不能作確實之回答，但余願努力促其成功。

須磨：此事余聞李景樅經理談及，雖係秘密談話，有可供部長參考者，即貴方以此事與華北自由飛行有聯帶關係，認為自由飛行解決後，則此通航事亦可解決云。去年十月內與前汪院長談商此事，行將簽字而未成功，其爭點在此。華北飛行完全為另一問題，今如欲將此二事並為一談，則將仍無結果。

部長：但此實為我方之困難所在。

須磨：貴方之困難余已明瞭，但希望分別解決，以表示貴方努力於整個調整之決心。反之，則恐一如往昔調整工作，一步亦不能進行。

部長：貴方或可如此想法，我方則有種種困難，故須

　　設法調和雙方之意見，此實吾人苦心所在也。
　　總之，雙方應造作良好空氣，多做彼此有益之
　　事，則問題比較易於解決。

須磨：甚願如此。

部長：總之，此次川越大使巡遊華北各地，與各方交
　　換意見，想外交一元化已可達到目的，關於華
　　北經濟合作，甚盼開始談商。

須磨：關於華北問題本人亦在具體的考慮中，前此對
　　陳次長已有非公式的談及，此際華北機構與各方
　　聯絡甚為圓滑，不可令發生變動，但傳聞中央有
　　意予以變動，如山東聞將有變動，本人以為雙方
　　正在努力之際，最好勿使人事發生變動。

部長：絕無此事，前此余因小孩患病赴青島一行，曾
　　與韓主席晤面，日本新聞竟有無謂之誤解，不
　　禁令人憤慨，余雖任外長，自不能免到各地旅
　　行，對此竟發生謠言，豈非怪事，更有補行告
　　知者，前次君所言歐亞公司經阿富汗飛華事，
　　經查明不確，君可放心。（以下部長談綏東問
　　題，見另項紀錄，謹註）

八　日本在華北的積極活動

參謀本部密函

　　　　　　　　　　　　　民國二十五年四月二十一日

案據密報，關於「日本在華活動最近益形積極」及「成
立冀察防共委員會」兩件，極堪注意，相應抄同原報
告，隨函送請查照為荷。此致外交部。

附抄件貳份。

抄件

日本在華活動最近益形積極

據報日本在華北活動，最近以來益形積極，脅迫利誘無所不用其極。爰將其種種佈置分述如次：

華北特務機關長召集會議

1. 華北各地日特務機關長定於四月初齊集天津，開軍事會議，討論項目如下：

   A. 增加駐屯軍。

   B. 各特務機關長就近派員與中國各機關籌畫防共。

   C. 召集已佔領各地民眾團體，開防空宣傳大會。

   D. 增派密探赴平綏路活動，定四月二十五日先後出發。

   E. 令察北各縣民眾，編練防共自衛團，以日人充指導官，每縣規定一百人。

擴大平津情報業務

2. 津日駐屯軍司令部以駐軍增防在即，該部情報股亟需擴大，故特派長雄參謀負責辦理，向所屬及各警務署選拔幹練人員，期將來充任情報之責。同時，北平方面亦有同樣擴大之勢。聞最近松室孝良已有電到津，飭令速派偵探赴平，可見日軍對於平津方面之情報業務擴大，已甚極積。

要挾冀宋舊事重提

3. 上月杪冀宋赴津，日方多田駿、松室等要求宋軍全部退出冀南，負責剿匪，平津治安由日派兩師團駐紮維持，並一再迫宋脫離中央。現宋之部下劉汝

明、馮治安等並有誓與平津共生存之表示；宋對於此種強迫要求，亦聲稱如再迫脫離中央，不得已時惟有辭職云。

增兵一萬到天津

4. 日方於天津決增兵一萬，由海道來津，一週內即可到達，現已規定日租界海光寺一帶空房為將來駐軍之用。

齋藤隆夫在眾議院演說

齋氏演說速記　民國二十五年五月七日

（一）首述軍人干政之不當

軍人對於政治運動，自九一八事變以降，於日本國內國外，感受極大影響，青年軍人之思想上，發生極大變化；其中青年軍人之一部，高唱國家改造論，現役軍人亦討論政治問題，參加政治運動，乃不可掩之事實，此種趨向，軍部當局之態度如何？乃首先所願聞者，蓋軍人作政治運動，不僅違反聖旨，且為國權國法之所嚴禁。明治十五年一月四日，明治大帝調軍人所降之勅諭謂：「為軍人者應不惑於世論，不問政治，安本守分以盡忠節。」其意義固極明顯，而伊藤博文公之憲法義解亦載有：「軍人立於軍旗之下，應恪守軍法軍令，專事服從，乃第一要務，故本章所揭之權利等條，與軍法軍令相抵觸者，不適用於軍人，即現役軍人不得集會結社討論軍制或政事，並無關於政事上之言論著述，印行及請願之自由。」又陸軍刑法、海軍刑法絕對禁止軍人作政治運動，違者處三年以下之徒刑。又在眾議院議員之

選舉法，貴族院多額納稅議員互選規則，對於軍人，俱不與以選舉權及被選舉權中（略）。

蓋軍人參加政治運動、政戰之結果，為貫澈自己之主張，不遂時，則將訴之以武力，此乃自然之勢，然而立憲政治因以破壞，國家變亂，由武人專制以開其端，故軍人斷不應作政治運動。而青年軍人思想極單純，若使此等人士與政治，則危險極大，余曾讀五一五事件之公判筆記，又常出席旁聽，當時即感覺此事之嚴重，而被告人等當庭陳述時，將犯罪之動機、犯罪之事實，侃侃直述，態度俱為從容，此固不失青年軍人之真面目。（以下被刪略）（當係不滿之微詞）然而吾人不勝嘆惜，以其單純之思想，如何能認識此複雜國家社會之現象，其所見無乃過狹乎？（以下省略當係被刪）

然而若輩青年軍人，平素係讀不正確之報紙、雜誌之記事論說，或怪文書等刊物，惑於陰謀家詭辯，或輕信一般之流言蜚語，以為今日之政黨、財閥，以及支配階級，全係腐敗墮落，常此以往，國勢阽危，將不堪設想，故為救亡計。唯有速謀革新之道，將日本國家加以改造，以為從來外交為軟弱的，倫敦條約為屈辱的，今後應使天皇親政，行皇室中心政治。欲實現此理想，故發生直接的行動。故調查其犯罪動機，或係讀權藤氏之「自治民範」被感動，或係讀北一輝氏之「日本國家改造法案」受刺激，或讀某氏「斬妖狀」而生憤慨，此其思想之簡單固為何如乎？

（二）青年軍人思想之單純與危險

在法庭上，聞彼等所陳述者，多係不澈底之事實，

或者認為今日之政黨、財閥、支配階級，係為腐敗墮落者，或謂倫敦條約係干犯統帥權，以為國家之危機，迫在目前，欲加改造，唯有處之以直接行動。若輩所受之軍人教教，忠君愛國之念，本甚堅固，唯以惑於一部不平反者及一部陰謀家之言論，對於複雜國家社會現象，認識錯誤，以引起此重大事件之發生，此其主要大原因也。青年人之思想極單純，同時又極危險，禍之源即生於此，非澈底剷除此種思想，總非治本清源之計。（中略）

（三）五一五事件處置之失敗乃惹起二二六事件，根本上軍人與常人不應差別審判

此輩青年軍人之思想，或積成陰謀，或出之以直接行動，昭和六年所發生三月事件，同年第二次之十月事件，其內容與特質與五一五事件，及此次二二六事件俱屬於同一系統，然而此兩事件果已作若何處置？軍部當局不過敷衍了事，裝聾作瞶，決不肯加以追究，星火燎原，養癰遺患，此俱係當局之誤也。徵之於史籍，尤為明顯，賴山陽中古政權之旁落於武門，對於源平二氏採姑息偷安優柔不斷，異日卒遺搏噬攘奪之禍，俱足為殷鑑也。

若對於第一次三月事件，軍部當局，當時若以果決態度，嚴厲手段，為拔本塞源計，則第二次十月事件即無由發生，五一五事件亦將無之，當局一再延誤，而惹起五一五事件。軍部之態度，實難辭其咎。又試就軍部當局對五一五事件之態度觀之，軍人結黨於光天化日之下，闖入總理大臣官邸，將天皇任命一國之總理大臣

（按係犬養毅）加以槍殺。以護國衛民之武器而暗殺燮理國政國家最高之重臣，其罪大惡極固為何如乎？然而對此重大事件，國家本應竭力發揮裁判權，當時在海軍軍法會議時，山本檢察官，竭其畢生全力，以作成堂堂數萬言之訴狀：痛論此事件之重大性，當直接行動之不當，無論其動機如何，不應破壞國法，紊亂軍規，對此破壞國法者，加之以法律上之制裁，為國權保全上萬不得已之行動，故對於主犯為首腦者三名應處以死刑。即依海軍刑法，對於叛亂之首魁亦應處以死刑。然而事實上則有一部之猛烈反對運動，監督上司，牽制甚厲，山本檢察官因而自處於險境，當局派多數憲兵保護其住宅，其後並偕其家族遷逃他方。在此種情勢之下，有所謂裁判獨立與裁判神聖也歟？故其結果將應處死刑者判為十三年與十五年之有期徒刑，其餘則僅處以一、二年之徒刑。尚宣告執行猶豫，亦云便宜罪人之至矣。試再就該事件相關之民間方面被告觀之，彼等並非下手殺害犬養首相者，僅不過於發電所投以炸彈而已，又未引起若何之結果，然而對其首魁則處以無期徒刑；同一事件也，而殺害一國之總理大臣者，以其為軍人，則移歸軍事裁判所管轄，處以較輕之刑，而一則對於發電所僅投一未爆炸之炸彈，以其為普通常人，則屬於普通法庭管轄，因處以重刑。司法權者同依天皇名義行之也，裁判應澈底的獨立，神聖不可侵，至公與至平也。而今則以人以地而差別懸殊，國家裁判權不堪相談矣。刑罰之目的，原在預防犯罪，今則果如何也耶？軍務當局者應詳作考慮，此實為極大問題。

（四）軍事當局應具有英斷力指導之上司監督上應特
　　　為注意

　　軍部首腦者關於此次事件，固無一人參加，但平素
對於若輩青年將校，鼓吹某種思想，或為發起此事件精
神上之動機，又或能對此事件之發生，有所豫知，暗中
安知不無蛛絲馬跡之嫌者。此非僅余個人所見如此，
世間已早能成為疑問。寺內陸相日前於地方官會議時，
曾謂有作如此宣傳者，乃鼓吹反軍思想，而係非日本國
民，乃軍民離間作用，不置一辯。但安知真正宣傳者，
不較此為更甚歟？蓋一般人之疑竇，多不可解，空谷生
風，並非無因，故山本檢查官曾謂：「凡事非成於既成
之日，其來必有自。考本事件之由來已久，決非一朝一
夕之事。據被告人古賀清志之陳述，古賀以參加某事件
之經驗，對於此次被告人等之企圖，僅不過一時宣布戒
嚴，總當徐圖收拾之策，背後有相當勢力之存在，已預
為明知之。」又謂：「關於上司指導部下態度，應異常
慎審，本事件發生當時，某官憲於呈其上司之意見書中
已可窺其端略，並謂上司對於彼等之所見，往往態度曖
昧模糊，因而誤信上司已為容忍其行動矣。」即古賀清
志等對於五一五事件之發生，按彼等計劃，若宣告戒嚴
時，亦有暗中極大勢力，收拾現局，故彼等願作此先
驅，而上司對於部下，多明瞭事之是非曲直所在，不致
不願諒彼等。以語言態度之曖昧，誤認為上司容認彼等
行動。此種事實在四、五年前，五一五事件之公判時，
山本檢察官已論及之矣。故今懷有此疑，亦非無因，綜
合以上所述，此事件之原因大體不外乎二端：（一）為

青年軍人之思想問題。（二）為事前監督及事後軍部之態度是也。近來青年軍人中，一極少部分傾向於一種反動之思想，乃不可掩之事實，日前所引起各種事件之原因及國民生活之不安，其主要原因也。原來日本國民遭受外國思想之影響甚厲，歐戰以後共和之思想大興，因而亦主張日本亦應共和，其後赤化之思想起，亦主張日本當赤化，或以為「國家社會主義」、「獨裁政治」，日本俱應為效法，思想上異常混淆，缺乏國民自主獨立之見識，今日謂極端的左傾思想大為有害，實則極端的右傾思想，又豈非無害耶？

日本之國家組織，建國以來，三千年鞏固不動，始終一貫，無若何變化，而政治組織，由明治大帝所建設之立憲君主制，凡日本國民俱應繼續遵奉，故軍部首腦者，應體諸此種精神，穩健的開導部下，使青年軍人間，永無不穩思想之發生。倘若軍部以外之政治家與軍人中一部相聯絡同謀，作政上的野心活動，斷不應忽視之。（中略）

軍部當局，應有相當英斷力，關於事前監督與事後處置，吾人固絕對相信於現寺內陸相，但希望以一刀兩斷之精神，為勇猛之果決，六韜三略中曾謂：「當怒而不怒則奸臣興，當倒而不倒則大賊現。」願當局其三復斯言。

（五）集中國民之團結力以克服時艱但國民之忍耐範圍亦有一定之限度

最後所欲言者，乃關於此事件國民之感情是也。此事件發生之後，無論中央與地方以及各種階級，其衷心

俱異常憤慨，抱有莫大之遺憾，尤以對於國民所尊敬之
高橋藏相，齊藤內府，渡邊總監，俱係溫厚篤實，以
身許國，陛下所重恃之重臣，今竟在統帥權下被執有武
器之軍人以殺害之，全國民之痛苦，實有不堪言狀者。
彼等以感於今日之時勢，言論不得自由，故不克公然講
述，但或以耳語或以目傳，其不平之憤，固無時或釋，
此種情形，其與專制武斷之封建時代何所異乎？又不僅
此已也，例如當此次叛亂後組閣之時，負此事件重大責
任之軍部當局，固應如何自重，以副國民之重望耶？乃
不此之圖，或藉端謂某省之內，不應使政黨者加入，某
某與軍部之思想不相容，忘加排斥，而若輩本係基於公
平肅正選舉者，乃國民總意之表現，為明治大帝所降賜
立憲政治根本精神，今僅由一部之單獨意思而將國民總
意蹂躪，此誠為更大之遺憾。總在今日國民之態度沉
默，政黨亦沉默，但細加明晰，此種之變態，究不可以
長，蓋人類為感情的動物，國民之忍耐力，實有相當限
度，余甚希冀異日雙方，勿趨於極端。自九一八事變以
來，日本國內國外，發生非常變化，舉國以非常時相號
召。而為應付此非常時計，果何所恃乎？在特殊情形固
非假諸軍事武力不可，但在通常一般情形，則有為武力
所不及者，為應付此難局，仍須綜合上下各階級，和衷
共濟，精神上作一致的團結。軍部當局果亦明瞭此種情
形歟？由最近情形觀之，似舉凡對於國民之自由可以武
力相彈壓，但此決非國家之福。最後鄭重謹向當局再進
一言，吾人所論之軍部，所論之軍政，俱係討論國政
也。吾人對於軍部，並非抱若何反感，亦非作軍民離間

之計，或鼓吹反軍思想，乃正欲掃清此種誤解，而今後對於軍部當局，亦希望加以慎審，勿輕發此言。余之質問，概盡於此，當局其毫無避忌，作一詳細答辯，乃所至望也。

九　日軍部改造華北的方案

參謀本部第二廳致張部長情報

民國二十五七月二十三日

抄件

據報（天津報告）。上月十三日田代、板垣、永見、松室、河邊、杉山等在天津駐屯軍司令官邸，舉行關東、華北駐屯軍部聯席會議，關防甚形嚴密。經竭力探討，得其重要之決議案，如後：

一、冀察與冀東合併問題，暫不談判，仍任其維持現狀。

二、長城在冀境內者，由華北日軍駐防，在察境內者，由關東軍駐防。

三、完成內蒙自治雛形組織，以德王為主體，儘三個月內實現。由關東、華北兩軍部共同派員負責主持之。

四、華北明朗化之目前重要前提，即為澈底肅清華北境內抗日、反滿、親蔣、聯共分子，並扶助石友三成立華北自治軍，以平、津為根據地，一遇機會，應即發展。

五、擬修築下列各公路：（一）濟順線（濟南——順德）。（二）滄石線（滄州——石家莊）。（三）秦天線（秦皇島——天津）。（四）平清線（平陽——清化）。（五）延平線（延長——平清）。（六）承平線

（承德——北平）。（七）煙濰線（煙臺——濰縣）。
（八）大潼線（大同——潼關）。

右件除抄送唐總監、何部長、朱主任外，此致張部長。

第二廳第一處啟　七月二十二日

方唯智上海來電

民國二十五年八月十七日

南京或牯嶺李司長勛鑒：。密。日對華北有大小兩計劃，其目的則一，即如何防止中央對華北之進出。大計劃為進取的，從政治上實現華北明朗化，一面完成內蒙傀儡組織，並壓迫晉、綏、魯組成華北高度自治，關稅、財政獨立；小計劃為保守的，從經濟上實現日滿華北經濟布洛克集團，政治方面維持表面和平以示親善，以吸引財閥之投資，並表示從國防見地開發華北，以餌軍人。支持大計劃者為關東軍暨各武官，外交官僚則主小計劃。據弟觀察兩計劃的同時並進，以既成事實對付我方。至王克敏北行與否無關重要，日方固願分化宋之一元政權，但亦懼王之接近中央也。弟智叩，篠（十七日）。

方唯智上海來電

民國二十五年九月四日

南京外交部李司長大鑒：密。一、據津方報告日方消息，最近日積極策動華北將領反蔣，駐屯軍向宋、韓活動，關東軍向察、綏、晉活動。聞已有詳細辦法，現正探查。二、津日軍據報謂，中央近派大批藍衣社員潛入

天津，組織工人、學生，總機關設於英租界，特委松室
向宋交涉，嚴予取締。三、米星如主辦之神州通訊社發
英文稿，其編輯為英人 Thomas Dunn，係前 *Observer* 主
辦人，為著名日人走狗，請嚴予注意。弟唯智叩，支
（四日）。

天津來電

民國二十五年十二月二十一日

南京外交部：。密。關東軍部第二課長武藤章，哿
（二十）偕軍部幕僚四人來津謁田代，田中參謀亦未歸
長。哿（二十）午後二時，在張園官邸會議，由橋本主
席，商兩軍部一致對華北行動辦法，密議：（一）迫
宋、韓聯合實現五省防共組織法。（二）對綏遠戰事
停進，靜觀華北時局演變法。（三）乘機使華北地帶
特殊化。武藤定馬（二十一）飛商都，向偽方傳示意
旨。慎。

天津來電

民國二十五年十二月三十日

南京外交部情報司：關東、華北兩軍部因陝事解決，對
華北政策復趨一致，決仍支持冀東偽組織擴大防共，並
調王英部為殷逆統帶。最近王部將由察北開入冀東駐
紮，日軍方認除此辦法可以牽掣華北永久與中央對立，
別無他策。關東軍部二十八日在長春會議，對此已有決
定，特電通州細木機關長轉殷逆繼續偽政府擴大組織，
加緊募集偽軍。又津軍部專田參謀艷已自長謁板垣，交

換意見畢，返津報告。又津日軍定庚舉行觀兵式，地點
在津李明莊機場，參加步炮齊萱島聯隊共三千名，並
招待外賓此為空前之舉，軍部由艷起休年假六日不辦
公。鐵。

程伯昂北平來電

民國二十六年一月十八日

南京外交部。密。二十號。情報司李司長鈞鑒：據密報
稱，銑（十六）日津日軍部會議內容為駐屯軍訓練方
案，並對冀察非達到共同防共之目的不可，對綏事仍遵
照關東軍部之計劃，對天津關外航郵事，決定下月自行
開辦。其最後議案之要點，為藉日本東京工商會之主
張，改變與華政策，以謀求兩國之福祉，希望中日提攜
親善早日實現。日本對華之態度頗多遺憾之點，亦望中
國放棄從來葛藤。又藉日本政論家山本實彥之談話，如
走和平途徑，則日本首先放棄野心，現在日本深覺政策
之錯誤，反省空氣頗為濃厚云云。藉此兩項論調，利用
中國漢奸，散放傳單，再以金錢賄買津市小報，登載此
項論調，以便宣傳。窺其用意，表面上以隱惡揚善之手
段，內容對中國仍抱侵略之野心。昂叩。巧。

十　日外務省謀減少與軍部岐見
大使館東京來電

民國二十六年一月七日

南京外交部。七五九號，七日。探悉磯谷對人談話云，
國府利用日、俄均衡以求生存，且借英、義牽制日本，

諒不致真正聯俄容共。惟華北問題，外務省主張以和平
手段外交方式實行經濟提攜，軍部認係錯誤，須以實力
積極進行，使華北五省入於日本威權之下，尤以內蒙之
獨立自治有急速進展之必要，南京政府如加以防礙。當
以實力排除之云云。謹聞，駐日大使館。

天津來電

民國二十六年一月七日

密。堀內魚晚奉外務省急電召，陽早搭長城丸歸國，館
務岸領事代。聞日與華北外交陣線將重行整飭，堀內仍
將內調充東亞局長，桑島外放，有野調津總領，俾與軍
部聯絡緊密。堀內歸國週內可返津。又華北日軍第一、
二兩聯隊牟田口、萱島二人所部，定庚早十時分在辛臺
津、李明莊機場舉行新年閱兵，每聯隊聯合特種隊共約
三千名參加。津由田代辛、關河邊分為檢閱官。陽早晚
共發情報六份。鐵。

十一　日以軍火金錢收買中國不良份子
天津來電

民國二十六年一月七日

密。普安協會在津散發反共宣言，該宣言仍係受日方特
務機關所指示，與目前冀東防共擴大組織共和政體相呼
應，陰斥中央陝事妥協為容共初步。原文另寄。頃普安
協會所進行人民反共陣線，將漸成熟，不久即在日界開
成立會。又蘇俄在津所支持第三國際共產黨華北支部，
利用平、津兩派學生鬥爭，擬挑起中、日關係惡化，並

以金錢接濟東北左傾大學生以抗日容共口號，促起日方
對華北積極圖謀，而為戰事爆發火線。清。

第二節　日要求取締排日機關

一　日在平津搜查公所逮捕華人

程錫庚北平來電

民國二十四年十月二十九日

南京外交部部、次長鈞鑒：密。本日津日總領照會冀省
府，要求查明並取締藍衣社、國民黨並以同樣照會致平
市府。津日憲兵昨擅拘我新聞檢查所職員。香河事變雖
經多田斡旋，已和平解決，但日方近甚積極，仍在採用
他法鼓勵自治。軍分會為統轄省市機關，尤招注意。現
狀不安，早在洞鑒之中，敬懇併籌應付，該項消息，尤
祈對外守秘為叩。錫庚叩。艷（二十九日）。

鄧友德北平來電

民國二十四年十月二十八日

蕭社長同茲兄，並轉呈立夫先生鈞鑒：公密，儉十時
半，有便衣日憲兵十餘人，由二華人引導至天津新聞檢
查所，將工作人員禁閉一室，搜查後捕去副主任王一凡
及檢查員四名，迄今尚無下落，詳情容續呈。鄧友德
叩，儉印。

程克天津來電

民國二十四年十月三十日

南京外交部勛鑒：艷（二十九）電奉悉。本市新聞檢查所職員王一凡等六人，儉晚被日憲兵捕去一事，經向日駐屯軍石井參謀交涉，誤會釋然，該職員等已於艷晚全行釋放回所，照常辦事矣。特電復查照。程克叩，卅。

註：艷去電——津新聞檢查所王副主任被日憲兵帶走，不知下落，希即查復由，電報科謹註。

天津市政府來電

民國二十四年十一月八日

南京外交部勛鑒：密。微電奉悉。日領要求各節，已會商冀省府同樣答復。至本府社會局主任李銘於十月卅日下午因病寄日租界□□醫院治療，在浪速街地方被日警捕送日本憲兵司令部一節，雖經交涉，迄未釋放，除一方由本府設法交涉外，持此電復，即希查照為荷。天津市政府。庚（八日）。

附註：微去電係日領要求，請妥商冀省府同樣答復。
又李銘被日方逮捕，詳情若何？請電復由，電報科謹註。

鐵道部致外交部快郵代電

民國二十四年十二月十二日

外交部勛鑒：密。據本部直轄路警管理局虞一電稱，據江日密報：（一）東日在塘沽站被日憲兵捕去之造船所科長沈國華、科員李純宗二人，業於當日午後先後釋

出，經探被捕原因，係詰詢該所器具材料等事。（二）
冬日下午十二時餘，天津日本駐屯軍伊藤大尉率兵五十
名，乘汽車二輛，去楊村一帶視察地勢，並在站用攝影
機將站臺及三十號橋等處拍照像片，旋即返津。（三）
冬日通縣女子師範學生百餘名，及省立第十一師範學生
三百餘名，均由通赴平，詢問提前放假原因。據云，
校中接戰區，自治會通知於五日內接收，該校恐屆時
發生變動，因此提前各等情，謹此電陳等情，據此，
除飭繼續探報外，謹肅電陳等情，據此，相應電請查
照。鐵道部。

二　中國提出抗議與雙方談話

致日本照會

民國二十四年十一月九日

為照會事，據確實報告，上月廿二日晚天津日本憲兵特
務隊，在南市會賓樓將天津商會委員年光堯捕去，迄今
尚未釋放；又是月廿八日下午八時，天津日本憲兵多
人，帶領翻譯一名，乘汽車三輛，突至天津新聞檢查
所，將所員王一凡等六人帶去，廿九日晚始釋回，又天
津市政府社會局主任李銘十月卅日下午在天津被日警捕
送日本憲兵司令部，迄未釋放等情。查此等在中國領土
逮捕中國官民之舉動，實屬侵犯我國主權，違反國際公
法，殊難容認，茲特提出嚴重抗議，照會貴大使查照，
請即轉飭將李銘、年光堯立即釋回；對於不法官兵，嚴
切告誡，予以有效之制止，嗣後不得再有此類舉動，並
希見復為荷。須至照會者。

林定平會晤須磨秘書談話紀錄

時間：民國二十四月十二月十三日下午三時〇分

地點：日本大使館

事由：質問關於天津日憲兵逮捕年光堯等案，並口頭抗議關於塘沽日憲兵扣留塘大公安局長吳隆復事。

　林：十一月十五日午，塘大公安局長吳隆復，被塘沽日憲兵隊扣留，經河北省政府派員再三交涉後，雖已釋放，但該憲兵隊，在中國領土內，逮捕中國現任官吏，侵犯我國主權，違反國際公法，茲特提出口頭抗議，請貴大使館轉飭將該憲兵隊不法官兵嚴切告誡，並希嗣後不得再有此項舉動。

須磨：此事完全不知，當即電天津憲兵隊查明制止。

　林：關於天津日本憲兵扣留天津商會委員年光堯，及天津市政府社會局主任李銘等一事，曾經敝部於十一月九日提出抗議照會貴大使館，至今未接准貴大使館覆書，不知何故？

須磨：此事本已早得駐北平日本大使館覆函，謂：完全係自由出面，並非逮捕扣留。林：拘束個人自由，何謂自由出面。

須磨：總之華北糾紛整個解決後，此種事件，當然消滅。關於上項事件，未用書面答覆，實無他故，不過免彼此發生不愉快之感，致妨中日親善也。

三　川越公函及酒井通牒

國民政府行政院來電

民國二十四年十月三十日

南京鐵道官舍一號。汪院長鈞鑒：原密。極密。本日午前十一時，由日本大使館參贊清水董三送到天津日本總領事川越茂第二二六號公函開：「查平津地方之國民黨部及藍衣社等一切反日反滿機關之彈壓，在前次華北事件之際，曾經貴方誓約在案。厥後經以灤州事件之調查，及我方其他屢次調查之結果，雖有右記誓約，而貴方之排日、滿的機關，刻尚更名改形，或秘密存在，仍有多數潛伏，依然繼續活動，證據顯然；且貴方對此取締之力極屬微弱，非第缺欠誠意，反有時機而暗中助成之嫌，是乃本官甚為遺憾之處。至於斷然徹底的排除排日份子一案，本總領事曾以九月二日公文嚴重警告，乃貴方之取締未見何等實踐，如此違反華北貴我兩方之各種約定，有引事態於益見糾紛之虞，是以本官此次再向貴主席要求以迅速徹底的方法，將所有轄境內各種排日、滿機關之存在及其活動，一律禁絕為荷。」等語。於正午十二時天津日本駐屯軍司令部參謀中井，代表參謀長酒井隆率通譯官平井和夫，偕同北平大使館武官高橋坦來見，提出關於華北協定實施事項之通牒，其全文大意與川越總領事公函相同。所補充者，有萬一貴方對於此種機關之存在，及其活動表明全無之時，敝方將來關於本件認為貴方當然擔負全責，隨時當講求適當之處置，特並聲明，尚希望對於左記之件，從速賜復：
（一）在貴方管轄區域下是否存在反日、滿的機關及其

策動。（二）今後貴方之具體的處置如何等語。此外，又口頭提出兩項：一、要求：（子）關於灤縣事件，因在河北省內發生傷害日兵情形，省主席應代表各機關向日本駐屯軍司令官表示遺憾。至於軍分會及北平市長當有更嚴厲之要求。（丑）該案尚未捕獲之犯人甚多，多應請從速辦理。二、勸告請將下列三項轉達國民政府：（子）北平市長之罷免。查北平市長袁良不履行何委員長、梅津司令官之協定，反庇護黨部、藍衣社等而惡化中日關係，且灤縣事件之犯罪人出在北平，故特嚴重勸告，請速罷免該市長。至於後任市長希望以忠實而能積極履行何梅之協定，且努力於改善中日關係之人材充任。（丑）軍分會及其附屬機關之撤廢。查軍分會為華北事件之責任者，有先於其他機關履行「何梅協定」之義務，然而並不履行，反繼續其關於反滿抗日之秘密行動，且指導灤縣事件之犯人，而令中日關係惡化，故特嚴重勸告請將該無用之施設及其附屬機關，從速自動一律撤銷。（寅）嚴重勸告請將停戰協定及華北協定更加澈底實行，且於國民政府對於將來反日、滿策動之諸機關及人物，應嚴加取締，絕對不令其北上。並由高橋特別聲明以上三項內容，彼此絕對秘密，不得於報章上發表。繼而高橋，中井等又作補充談話，分述如下：（甲）高橋談稱，一、日方絕對不承認軍分會，故特向貴主席交涉，請將以上各項轉達於國民政府，並已由駐南京雨宮武官將上項要求及勸告非正式提出於國民政府。二、以前何梅協定解決時間僅為十日，故此次亦希望從速解決。三、何梅協定與灤縣事件雖屬兩事，但各

有關聯，故併案提出。四、今後貴方之具體處置辦法希詳為見告。（乙）中井談稱：此次提出勸告，似有干涉內政之嫌，但因貴方不特不履行協定，反有反日滿之種種策動，其證據甚多，故不能不請自動實行，並希望今後澈底履行上述協定。再日軍部既提出此項要求與勸告，當然有重大決心，如無效果，當不惜出於最後之斷然處置，各等語。按彼方將提出灤縣事件及取締黨部、藍衣社之要求，業經前電陳明在案，除告以俟呈奉中央面示，再行一併答復外，究應如何應付，並答復之處，尚祈鈞座速籌電示，以便遵循為禱。商震叩，艷亥機。

四　中國的答覆

北平軍政部來電

民國二十四年十一月二日

南京委員長何：密。頃袁市長送來與津日領川越茂來往文稿抄件各一件，除川越來文容與衛戍部、冀省府送來之件併由航郵寄呈外，謹先將袁市長之復文電陳如下：「敬啟者：本月二十九日接奉貴總領事第□二九號公函及附件，均敬閱悉。查本市長蒞任以來，對於輯睦邦交之道，向極重視，凡市民之言論行為有足以妨礙貴我兩國邦交者，在職權所及範圍，無不盡力取締，既往事實當為貴國在平官憲及僑民所共見共聞。且我中央政府亦曾有明令，禁止國民對於友邦有排斥及挑撥惡感之言論行為。本市長既奉有此令，尤為職責所應盡之事，故不特對於所屬飭令切實查禁，且更為深切之注意。茲准函開各節自當再飭所屬特別查察，倘發現有排外行為妨害

貴我親善者，定必嚴加取締，可請貴總領事釋念。

惟親善之道，須賴雙方國民互有深切之了解，僑居平津一帶之貴國人民，或亦不無有足為親善前途之障礙者，可請貴總領事隨時加意查察，予以同樣之取締，則於兩國邦交前途尤多利賴。准函前因，相應函復，即請查照為荷。此致日本駐津總領事。北平市市長袁良，一月卅一日，等語。職鮑文越先印。

第三節　防共問題

一　日表示將對防共採自由行動
參謀本部情報摘呈

民國二十四年十一月四日

東京電報：華方對於共同防衛赤化問題，如不表示誠意之時，日軍將取獨自行動。

東京三日電通電：關於中日協力共同防衛赤化問題，華方將取何種態度，頗值注視之事。蓋最近中國共產軍在四川似已與蔣氏麾下之中央軍成立協定，故此後之共產軍將推進其主力於察哈爾、綏遠、外蒙、新疆方面，以圖牽制日本，而蔣氏亦巧於利用此種情勢，使共軍進出華北，以威脅日滿方面，因此則注視中國共產軍之動向之日軍當局，認為中、日應於此時共同防衛赤化，如果赤化勢力進出華北，不僅日滿，即華北自身之治安，亦將受莫大影響，因此希望華方從速共同動作。至若華方不表示誠意之時，日軍為日滿之自衛上，決意取獨自的行動云。

二　土肥原的主張

王鴻年橫濱來電

民國二十五年三月十四日

南京外交部。四十九號。十四日。探聞土肥原方案，係分中國為五區：（一）滿洲。（二）內蒙古。（三）華北。（四）長江流域。（五）兩廣。前三區以防共為名，所有軍事、經濟、外交，皆當置諸日本軍國主義之下，由彼方積極措置。後二區則顧慮英國權利，深恐英國助俄聯美，防礙日本在華北之軍事行動，為避免日、英利害衝突起見，暫由中國自衛，謹密聞。王鴻年。

方唯智上海來電

民國二十五年三月二十五日

南京外交部。李司長迪俊兄勛鑒：密。（1）磯谷自華北返滬曾電呈陸軍大臣云：宋哲元唯聽從南京我方之威命，完全不能行使我方之自治工作，亦未能依照預定進展，事態誠可寒心。而為欲使我方之自治工作恢復軌道之故，有壓迫宋哲元使彼聽從吾人之必要。因此之故，天津軍先有增兵之必要。天津軍之增兵，務請將時期提前，必求於四月中實現。冀察及冀東兩政權合併，時期尚早。某種場合，有驅逐宋哲元而代以其他人物之必要。（2）天津軍司令官致參謀本部電云：設共產軍侵至山西北部，則擬援助宋哲元將其擊退。又為討伐共產軍之故，中央軍向山西進出，對於將來我方在山西之工作有防礙，應極力阻止，不能阻止之時，我方似亦有出兵山西，與其對抗必要。乞裁決。弟方唯智叩，有。

程錫庚北平來電

民國二十五年四月八日

南京外交部。部、次長鈞鑒：陽電敬悉。經查明宋在津與多田、松室商妥河北防共辦法，至必須時，准日軍進駐保定以南，順德以北，但並未簽訂協定。惟對晉省當局擬嚴重警告，促其表明態度。謹聞，錫庚叩，齊（八日）。

註：陽去電，係據報宋在津與多田、松室及韓代表商妥冀察防共協定八項，並准日在保定以南，順德以北駐防，仰即查復由。電報科謹註。

三　華北防共協定大綱

參謀本部密函

民國二十五年四月廿一日

案據密報，關於「日本在華活動最近益形積極」及「成立冀察防共委員會」兩件，極堪注意，相應抄同原報告，隨函送請查照為荷。此致外交部。

抄件

成立冀察防共委員會

關於宋與日方定防共協定一事，經宋、陳（中孚）與多田、松室等在天津會商，均同意成立冀察防共委員會。日方初甚堅持以松室任該會副委員長，宋婉陳目前華北及國人對此將不諒解，且易引起各方指責，幾經商榷，日方始允松室改充該會高等顧問，正副委員長皆由華方分任，始行撤銷，並須以殷任該會副委員長，並更以其他較優位置。關於擴大駐軍區域，俟日駐屯軍擴充後，

察酌華北公共形勢，再作量移駐平漢及平綏線較大城市
之最後決定。該項協定不日即可簽訂。

參謀本部致外交部通報

民國二十五年五月七日

華北中日防共協定內容

關於華北中日防共協定，自永見返津不久，即已簽訂。
其內容大網如次：

一、 防共委員會仍隸屬冀察委員會，人選由華方自
    覓，日方只擔任顧問等職。

二、 共軍未侵入冀、察邊區時，防共一切任務，由該
    委員會主持，日方只從旁協助。

三、 如共軍侵入冀、察邊區時，冀、察境內華軍應開
    赴邊區防勦。平津由小部華軍與大部日軍共同維
    持後方治安。

四、 冀察境內飛機場，日方得於必要時借用。

五、 關於防共軍需物資，在雙方同意原則下，可由日
    方協助。

右件除分報朱主任、唐總監、何部長外，右通報張
部長。

參謀本部啟　五月七日

方唯智上海來電

民國廿五年五月十九日

李司長迪俊兄大鑒。密。據日員報告，天津軍與冀察間
未締結防共協定，僅締結政治協定，其中有關於防共之

規定，所稱為防共協定或指此而言。在三月底簽字，署名者華方為宋等數人，日方為多田等數人。查此件即係對方所欲出售者，曾索千五百元，弟已強其將關於防共部份見示，尚無結果。弟唯智叩。皓。

四 日本在華北製造防共藉口

程伯昂北平來電

民國二十五年三月六日

南京外交部。五二號。情報司李司長鈞鑒：據漢報稱，張北李守信部，自冬日陸續向商都西二臺子、五臺子等地集中，當開雁曰，發給十足子彈，並有汽車卅四輛，坦克車四輛，藉口防共，準備向綏境進展。張北僅餘李衛隊一連，蒙保安隊二百四十名。昂叩。魚。

天津來電

民國二十六年一月三十一日

南京外交部情報司：密。邱文凱山東人，係舊直魯軍褚玉璞部師長，方永昌係張宗昌部軍長，李英傑係李施林部旅長，又曾充天津憲兵司令。該邱、方、李等三人，刻下與日軍部及關東軍勾結妥協，在津組織華北各縣防共宣傳聯合會，先分佈河北全省各縣，每縣由一領袖率隊員三、四名進行宣傳與指導，領取活動費及川資洋二百元，另有印就防共標語、傳單、宣言、口號多種，在各縣進行宣傳防共運動。如各該縣不加阻止，即進一步在各該縣設立宣傳機關，召收隊員，其人數多寡，臨時酌情增減，明為擴大宣傳防共，暗則實為變相之便衣

隊，一經各縣之宣傳隊均成立後，至必要時由日方暗將
軍械運往各縣，按人數分配，企圖乘機暴動，為實踐其
擾亂華北之陰詐。如各縣對防共宣傳有所阻止或干涉，
即認某縣有共產嫌疑，立向冀察委員會提出交涉。其總
機關設於英租界五十七號路岳安里二號，其臨時辦公處
在日租界須磨街民順煤廠對過紅樓內。目下正在積極進
行該項陰謀中。津，一百。

天津來電

民國二十六年二月十四日

南京外交部情報司：密。李寶章所成立華北防共討赤
軍，頃已在開平、古冶編訓，人數原定卅團，嗣因冀東
現無財力，改編為一總隊，定名為冀東保安隊補充總
隊，李寶章充總隊長。以下二區隊，每區隊分三大隊，
每大隊（似有脫漏）。唯李招募人數過多，除編入伍者
外，尚有二千餘無法安插，正要求殷逆轉請關東、華北
二軍部准許擴充中。該隊餉項槍械均因冀東現時收入不
旺，猶無辦法，每兵暫發接濟費每月二元，官長十元，
原定二月東起餉，屆時未作到，將延至三月東實行。
眾，六。

天津來電

民國二十六年二月四日

密。冬。警察局偵緝隊破獲共黨計楊源、郭秀生二名。
據郭在偵緝隊謂，渠係日人大公源者所派，受日方永昌
管轄，在津偽設共黨機關，散布宣傳，使市面發生恐

慌，日方即可藉口向冀察當局交涉，要求澈底防共，渠輩實非真正共黨。至大公源究為日軍部何人，則不知。頃警察對此仍嚴搜羽黨。清，三。

國民政府軍事委員會公函

民國二十六年二月二十三日到

案據湖南省政府主席兼全省保安司令何鍵本年二月八日呈稱：「據湖南省會公安局長周翰報告稱：（一）頃據密報，駐湘日領事高井末彥於本年元月間，奉到中日防共懇親會華中區會長神田正雄命令，在長沙已設立防共懇親分會於日警察署內。正會長高井，副會長唐維華，其組織分總務、組織、宣傳、諜報四課。聞常德、衡州均同時設立分會。常德歸百川負責，衡州歸薄順三負責，並已覓得該會長沙分會組織細則表一份（附呈）。（二）華中區會長神田正雄係於去年十二月三十日由漢乘火車抵湘，住日領高井公館。本年元月二日至三日在湘南俱樂部武官室，召集高井都甲徠和田吉村、關重彥、田邊、薄順三、百川等會議。四日上午乘汽車往湘潭，下午返省，是日仍乘火車往衡州，十四日返省。十六日上午八時偕高井、吉村等三人，乘汽車往常德，十八日返省。二十三日下午三時乘火車往廣東。查該日人到湘時，以大阪每日新聞社記者兼漢口總領事館書記生報登戶籍，此次來湘任務，係專負指導防共懇親會會務之責等情，附組織細則表一份，據此，理合抄同原表，密呈鈞會鑒核。」

據此除密令湘省府嚴究，並軍政、參謀兩部暨各省府飭

屬嚴防外，相應抄同原表，函送查照為荷。此致國民政府行政院外交部。

附抄中日防共組織細則表一份。

中日防共懇親會組織細則表

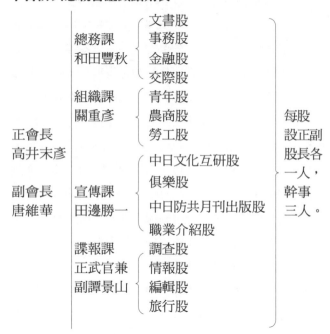

五　華北情形及美國偵察機關的估計

參謀本部密函

民國二十五年四月六日到

案據密報，關於「華北現狀及美國偵察機關之估計」乙件，可資參考，相應抄同原件，隨函送請查照為荷。此致外交部。

附抄件。

抄件

華北現狀及美國偵察機關之估計

　　據查於數日前，有美國駐北平武官室中尉軍官霍利喀木 B. J. Holcomb，由北平來滬，並預定於日內返回北平。該氏於早先曾在長江美國艦隊司令部偵察處服務，嗣後調至北平美武官室服務。某報告員於日前曾與霍氏會晤，藉知該氏及美國武官室對於華北現狀之估計情形，及日人在華北之動作。此種消息雖略失時間性，但認為實有報告之必要。

　　該霍氏對於山西現狀之估計謂，共匪在山西活動之主要目的，係為進犯晉省北部，並漸次與日偽軍接近，以為在華北與日偽軍發生衝突，藉使日軍佔華北地區——共匪於此種條件之下，可得下列各種利益：

1. 使日本在國際之地位嚴重。
2. 使華北及中國各地之愛國青年重視共產運動。
3. 使一班愛國及反日將領放棄剿共見解，則國軍之剿共力量即可減小。
4. 增大國民政府之困難，以為強迫國民政府或與日本開始戰爭，抑或改組政府。據共匪之見解，新政府之組織必較為左傾，則與共黨為有利。該霍氏並謂華北英、美偵察機關——均有充分消息證明日本駐華北代表，與山西共匪有秘密聯絡，且有各種事實可以證明日人與共匪之聯絡情形。日人至今不能解決山西共匪配有多量日本軍火之原因。

　　日人深悉共匪在華北之活動情形，但彼等不肯通知剿匪官府。日本當強迫中國政府解散國民黨駐華北支

部,及中央憲兵機關,並阻止華北當局成立新機之工作。據美人所得消息謂,日本偵察機關對於共匪進犯山西之消息,於事件未發生前即已探悉,惟不肯通知中國官府。

日本極希在華北(及西北)構成混亂狀況,或發生暴動行為,故由該國駐華北特務代表與西北共匪密切聯絡,以為於華北發生事件後,藉口佔據華北主要地點,並由日人監視各鐵路之交通。此種秘密組織工作,係由土肥原所開始者。該土肥原調走後,改由其他日人繼續進行。日本在圖利用共匪在華北之動作──在國際掩飾日人侵略華北之行為,日本駐華北軍事代表與該國外交代表之間,對華北時局之意見,於實際並無絲毫衝突,彼等之侵略計劃完全一致。

該霍利喀木並謂,現有若干消息,實可證明華北人民之意志,已有不利政府之傾向。日人對於此種狀況亦有相當認識。例如北平之學生運動於早先完全係擁護政府者──但於現在已有相當之轉變。該霍氏並謂,華北當局於最近數月以來,曾以有效手段壓迫學生運動,彼等謂係中央政府之命令,故此平津一帶之學生及知識份子,對於政府漸漸失去同情心。日本秘密間諜曾在華北中國商人中進行煽惑工作,謂政府當局忽略華北商人之利益。日人並在華北人民中宣傳,謂國民政府不欲甚至不能維持華北之安全,免受共匪及日本之侵略,故此現在華北發生一種獨立思想,其口號係「北方人之華北」,彼等反對國民黨及共產運動。

日本參謀本部大亞機關及各種偵察機關之代表,現

擬利用華北人民之獨立意志，並企圖在華北構成特殊的法西斯狀況，且與保皇──法西斯主義相混合，以為於將來進行侵略華北之計劃。該霍氏對於共匪進犯山西之事件謂，美國武官室認為山西省內及該省附近地區之國軍部隊，此次未能消滅共匪勢力之原因，係缺乏統一指揮機關及晉軍不肯積極動作所致。

該霍氏並謂，國軍近來之勦匪戰事，顯不振作。因有一部將領（及社會代表）認為，中國之敵人係日本，而非共產，故此次勦共無任何價值。此種思想現在軍隊中（及各級軍官中），有漸漸擴大之勢，彼等雖不公開違抗政府命令，但不肯積極勦除共匪，故此勦共戰爭無有結果，中國共產黨及第三國際之代表，現擬利用上述反日思想，並擴大其範圍。日本偵察機關對此事件亦有良之認識，但不妨礙其發展日人之目的，係為利用此種左傾思想危害國軍之兵力，以為於將來向國際解釋日本有維持華北秩序之必要，因中國政府軍隊不肯剿除共匪故也。該霍氏謂，日本於去年十二月至本年三月十五日之間。曾積極擴充華北駐屯軍之數量，現已增加一倍半。日人現在大沽成立海軍根據地及海軍司令部（在天津設有分部）──各方對於日人之動作，並無反對之表示。日人現在華北建築營房，以為將來增加駐軍之用，日軍部隊並藉口操演常往冀南活動，以為研究地勢及道路等。

日本現在大連、長春及天津之間，已實際設立航空線，並在天津設有飛行場，停有飛機六至十二架（在大沽亦建築飛行場）。來往乘客除日本軍人外，並有日本

商人及南滿鐵路代表。日本間諜及親日蒙人，常乘飛機至察綏各地活動，進行偵察工作。

最後該霍氏並謂，美國武官室現因上述各種關係，擬於夏季增大美國艦隊在渤海之兵力，同時並擬與英國軍事代表商洽合作，及增加英軍數目之辦法，以為阻止日本之動作。但英、美外交代表對此計劃是否贊同，尚未確定。該霍氏謂，於夏季最低限度亦將增加在煙臺及青島之美國艦隊。

上述消息係由美人所得者，是否確實，雖不能判斷，但認有報告之必要。

第四節　殷汝耕成立「冀東防共自治政府」

一　殷汝耕宣佈自治經過

程錫庚北平來電

民國二十四年十一月二十五日

南京外交部部、次長鈞鑒，密。敬電敬悉。殷汝耕發布戰區自治，並於本晨在通縣成立冀東防共自治委員會。錫庚叩，有。

附註：敬去電係聯合社電稱，殷汝耕已在通州發布戰區自治宣言，確否盼迅復，由電報科謹註。

北平軍政部鮑文樾來電

民國二十四年十一月二十五日

急。南京委員長何。密。據本日報載，殷汝耕敬日晚六

時突由津抵通，招集薊、密、灤、榆區各縣長及香河、寶坻、昌平三縣縣長、各區保安隊長會議。殷主席當場報告戰區宣布實行自治，決定組織冀東防共自治委員會，以冀東二十二縣為根據地。會內設委員九人，以殷任委員長。保安隊長張慶餘、張硯田、李海天、趙雷、李允聲、薊密專署秘書池宗墨、王廈材、殷體新等為委員，分設民政、財政、建設、教育、外交、秘書、保安七處。由豐潤縣長張仁蠡為民政兼秘書處長，遵化縣長趙從懿為財政處長，薊密專署秘書王廈材為建設兼教育處長。古北口辦事處主任霍實為外交處長，董鳳祥為保安處長。該會即定今日上午在通成立，通電脫離中央，並發貼布告等語。謹聞。職鮑文樾叩。有九時印。

商震清苑來電

民國二十四年十一月二十三日

急。南京外交部勛鑒：敬電奉悉。密。敬戌省機電計達。本日續得報告，殷汝耕率保安總隊長張慶餘等九人，以冀東防共自治委員會名義發表獨立宣言，其區域除戰區十八縣外，並含有昌平、寶坻、香河、寧河四縣及察省之延慶、赤城、龍門三縣，共二十五縣，宣言行政、財政等之完全獨立，並聲明暫用中國現行法律，必要時再另製公布。同時，又宣布設置民、財、建、教四廳，以劉碩演等分任廳長，保安處長為張慶餘，外交處長崔實，鐵道管理局及稅務管理局人選尚未定。又其組織大綱曾定截留國家之一切收入等語，謹電馳聞。商震叩。有巳省機。

附註：敬去電係據聯合社電稱，殷汝耕已在通州發布
　　　戰區自治宣言，確否，盼迅復由。敬來電係殷
　　　汝耕發表自治宣言由。電報科謹註。

二　冀東獨立宣言

殷汝耕獨立宣言譯文

民國二十四年十一月二十四日

　　吾人苦於黨政久矣！本委員長等，外察時勢，內順
民情，特宣布自治與民更始，謹宣言如左：

　　現政府為國民黨所把持，秕政百出，民不聊生，茲
就其犖犖大者言之：黨人拔扈，惟利是圖，辛亥革命，
藉袁之力，始推倒滿清，嗣以大權旁落，乃有第二次之
革命，鍾山竊位，湖口稱兵，人心已去，勢不可為，全
軍覆沒，黨人逃亡，近去扶桑，遠赴歐美，醜聲播揚，
貽羞神裔。乃天不祐華，袁氏稱帝，雲南首先發難，洪
憲繼而傾覆，袁氏倒斃，黨人彈冠相慶，復歸祖國，此
時吾民以此輩既經此一番挫折，必能深自改悔，施恩澤
於人民；殊竟互相爭權不已，遂至引起第三次革命，名
曰護法，實則毀法，各省獨立，分崩離析，實肇始於此
役。此二十四年間，兵革未息，橫屍遍野，誰為厲階？
此黨人之大罪一也。

　　工安於肆，農安於畝，商安於市，中國本無巨富，
何來勞資之爭？蓋孔子認三家之家族制度消滅以後，世
間已無再有階級制度存在，故曰：不患貧而患不均。數
千年來之社會情形，只有赤貧，絕無巨富，非如歐美
各國之貧富懸殊，故階級鬥爭日甚，富者挾其魔力偉大

之財力，凌駕一切，而貧者則等於牛馬，永無抬頭之一日，故有工會、農會等組織，以謀抵抗者可比也。乃黨人不悉國情，只知拾取歐美唾餘，宣傳馬克斯學說，擴張蘇維埃赤焰：此等邪說，先發源於兩廣，繼而漫延於長江流域，其流毒深入於農工階級，其結果，幾使全國皆陷於勞資鬥爭狀態。

不絕如縷之實業，竟被黨人根本催殘，且自十三年聯俄容共以來，無智青年，受其麻醉，滅盡天理人倫。今日赤禍橫流江西，人煙絕滅，閩粵受害，元氣已喪，秦蜀黔隴晉豫之郊，匪禍尤烈，此實中外千古之大變，數千年來未曾有之浩劫也。誰為厲階，此黨人之大罪二也。

孔子之道，孝悌忠信，為民族之信條，數千年來，未曾中斷，天經地義，不可磨滅，此乃中華立國之精神及東亞及各友邦之所共同信仰者也。乃至黨人主政以來，刪去倫理，廢除綱常，以孔子之宮為中山之堂，高唱邪說，大道為之晦冥，置六經於高閣，列三民於教科，離經背道，蚩語聖人，摧殘國本，覆亡堪憂，誰為厲階？此黨人之大罪三也。

中華以農為立國之本，春耕夏種，須使其各盡其時，故古之賢君賢相，常關心稼穡，水利農田，特達天聽，故萬民皆慶豐年，及至黨人主政以來，始則西北奇旱，繼而東南水災，防水之款，半入私囊，故黃災江患，無歲無之，現政府不謀根本救濟策，無故為棉麥借款，取他人之餘棄，以與自己之物相競爭，於是穀賤傷農，農村凋弊，四海困窮，嗷嗷待哺，輸入超過

十億之巨，長此以往，國將不國，誰為屬階，此黨人
之大罪四也。

中華民族，素尚和平，睦鄰親仁，古有明訓，雖橫
暴如匈奴，漢尚與之和親，回紇雖謀求無厭，而唐仍與
之結好，漢唐宋明，統一宇宙，威聲遠擴，曠古罕有其
儔，此皆由於我先民襟胸廣大，能容納萬物，故能完
成統一之偉業；黨人奔走革命，亡命三島，但求成功，
不惜犧牲一切；中日間之紛糾，不知者以為係由於強鄰
之覬覦所至，然究其實際，皆黨人所自招，況曾有由親
日而排日，由聯俄而反俄等事乎。只圖達到目的，不擇
手段，國際信義，損失無遺，甚至高唱打倒一切帝國主
義，敵視友邦，遂日益孤立，喪權失地，國步日艱。誰
為屬階，此黨人之罪五也。

儉以養廉，勤以補拙，古之官吏，奉為箴規；黨人
醉心歐美，起居服御，極盡奢侈，為迎襯之故，折毀民
居，數千家流離失所，孫墓之壯麗，駕乎各皇陵之上，
上有好者，下必有甚焉者，於是奢風日甚，中華勤樸
之風，至國民黨遂一掃而無遺，財用既竭，貪污迭出，
羅掘乏術，公債濫發，國是日非，乃集中現金，不恤民
生，圖謀私利，今日白銀風潮，由北而南，全國騷然，
誰為屬階，此黨人之罪六也。

夫黨人之失政，誠擢髮難數；本委員長從事革命，
出入生死之域，黨國群英，率皆舊好，恆長握內政外
交，情勢切迫如此，若不另闢途徑，決難圖存，參與國
事，歷有年所，迭進忠言，並未蒙採納，然尚翹首企
望，諒能翻然改悔，棄舊謀新。今五全大會，既已閉

幕,議決各案,仍是粉飾眾人耳目。本委員長十五日通電所指摘各節,不期而中。

至近更有共匪東來,深溝高壘;現銀集中,擾亂金融,垂死人民,竟無復甦之望,倒行逆施,一至於此,吾民何罪,同受淪胥。本委員長,目睹時艱,忍無可忍,不得已,接受戰區四百萬人民之呼籲,起而力圖自救,自本日起,脫離中央,宣布自治,樹立聯省之先聲,謀東亞之和平。望各省民眾團體、軍政領袖,蹶然興起,攘除奸凶,制定憲法,然後遴選賢德,推之為元首,長久治安,國家前途,庶幾其有豸乎。

委員冀東防共自治委員會

委員長　殷汝耕

委　員　池宗墨　王廈才　張慶餘　張硯田　趙　雷
　　　　李悔天　李允聲　殷體新
　　　　　　　　　中華民國二十四年十一月二十四日

三　□加緊控制冀東組織

嚴寬北平來電

民國二十五年二月十七日

南京部長何。密。據報日方對偽冀東推薦大批日顧問,內多軍事專家。每一總隊加派日顧問一員,專負訓練責任。民團改編之部隊,亦派日顧問監督訓練。其他顧問安插於各機關,即今日成立之冀東日報亦派有日人主持等語。謹聞。職寬叩。銑辰印。

嚴寬北平來電

民國二十五年二月二十六日

南京部長何。密。日方主使汝耕開發通古、通唐、通津三輕便鐵路，先築通古、通唐以利軍行，該項動議計已數月。刻據稱，日嗾股逆積極集款趕快興築通古、通唐之線，正由日工程師設計外，築路之器材已在準備中等語。謹聞。職寬叩。宥辰印。

程錫庚北平來電

民國二十四年十一月二十七日

南京外交部。部、次長鈞鑒：密。日兵二百五十人昨到平，寓日本俱樂部。今晨日兵六十人到豐臺，詢車輛南移事甚詳，尚留該車站附近旅館內。又日兵分乘四汽車，武裝齊備，今由津往保定，並宣稱擬往正定、順德。日方正在津修理飛機場。又據報今晨山海關開日兵車一列約八百人，分在灤唐、津平下車。殷汝耕連日派員到平與日使館接洽，並有通函致各使館，已檢扣。謹聞。錫庚叩。感。二十七。

嚴寬北平來電

民國二十五年一月十三日

南京。三一二八四號。密。1. 本鄉致大坂訊，大橋次長將預定變更今晚五時赴津，真在該地與冀東外交處長之間簽字滿洲與冀東一般之修好條約。2. 通州訊，日方宣傳派來轟炸機卅架，交汝耕指揮。3. 聞偽冀東要求長蘆鹽署月撥一部份鹽稅，否則自行截用。4. 日僑駐平在鄉

軍人分會發宣言，指摘政會。5.聞長谷川談朝陽門事件，決定嚴重交涉等語。摘要謹聞。職寬叩。

嚴寬北平來電

民國二十五年一月二十七日

南京部長何：密。極密。據報汝耕、大橋等會商協訂攻守同盟，要點如下：1.冀東地帶接壤滿洲之長城沿線，治安任務悉由滿洲完全負責。2.冀東東側面海防，悉由日方駐在滿海艦隊負責。3.對冀東之基幹武力，由日方與滿洲使其極積發展，需要之物質，先由滿洲儘量補助。4.空之力量必要時亦由滿洲接濟。5.候冀東政府行政、建設、公路發生障礙或者外來之壓力，滿洲協力共同根絕。6.關於上項外之動向，悉依關東軍及日方之中央軍部指示行之等語。摘要謹聞。職寬叩。寒辰一印。

四 殷汝耕在天津成立秘密機構

天津市政府密函

民國二十六年四月十日

案准貴部本年三月元代電，以據報殷汝耕在津成立華北五族共和防共委員會，天津市各界防共委員會兩秘密機關；又王伯鎬在日租界設一諜報機關，活動情形，及志賀在津特務機關工作真相，囑密查電復等因，當經轉飭警察局查報去後，茲據呈復略稱：「遵經令據偵緝總隊密報稱：查得各防共委員會附設於日租界桃山街普安協會內，一切工作，均由普安會人員代行，一切印刷費，均由冀東殷汝耕接濟，日方天津特務機關華人趙鏡如亦

參加活動。又查王伯鎬三十餘歲，河南省籍，現住日租界香取街一號，係冀東偽政府外交處長，即在伊住所僱用諜報員二、三十名，專刺探我方軍政消息，且在本市東車站，密派諜報員石雲亭常川在站密查由北寧、津浦兩鐵路各要人往來行踪及軍事行動，每日所得情報，王伯鎬分送日軍部、關東軍及冀東偽政府三處，每月由殷津貼兩千元公費，日軍部無津貼。又查日方天津特務機關，由茂川秀和擔任特務機關長，其地點在日租界淡路街，內部組織分為三部，有特務系主任志賀秀二，刑事系樋口知義，情報系松崗，分擔負責，樋口知義係前津報社長，松崗由奉來津，志賀秀二即前鄭州機關長，來津住日租界伏見街求是盧二號，後受日軍部委充斯職，其先特務主任為諏訪部現已調往大連，等情，除密飭所屬注意外，理合具文密請鑒核。」等情，據此，除指令隨時注意查報外，相應據情函復，即希查照為荷。此致外交部。

市長　張自忠

五　國民政府通緝殷汝耕

國民政府令

民國二十四年十一月二十六日

近年以來，國家多難，憂患頻仍，所恃全國人心一致團結，含辛茹苦，共濟艱難，凡屬血氣之倫，無不深明此義。河北為形勝之區，關繫尤重，各界人士均能堅忍自持，力謀支柱。風聲所樹，動繫安危，矧在公務人員，職有專屬，更宜如何激發天良，竭智效忠，共圖捍衛。

乃查有河北省灤榆區行政督察專員殷汝耕於本月二十五日，妄自宣言組織冀東防共自治委員會，自為委員長，勾結奸徒，企圖叛國，於國家危難之中，為乘機擾亂之舉，喪心病狂，自絕人類一至於此。該逆殷汝耕著行政院迅飭河北省政府，即予免職，嚴行緝拿，依法懲辦，所有灤榆、薊密兩區行政督察專員著即撤消，其一切職務由河北省政府直接處理，迅遏亂萌，以固群志。此令。

六　照會日本政府
中國致日本駐華使節照會

民國二十四年十一月二十九日

為照會事，查河北省灤榆區行政督察專員殷汝耕企圖叛國，業經本國政府明令免職拿辦在案。所有該殷汝耕在河北省灤榆區與薊密區督察專員任內之一切行為，其未經前行政院請示政務整理委員會、前軍事委員會北平分會暨河北省政府許可者，及其背叛後之一切行為，均應認為無效。相應照會貴大使、公使，即希查照為荷。須至照會者。

代辦

七　宋哲元對「冀東」的態度
程錫庚北平來電

民國二十五年一月三十一日

南京外交部部、次長鈞鑒：極密。連日冀察當局，在津向日方交涉取消冀東防共自治政府，日方乃仍以北五省

自治為前提，宋委員長應付為難，即由津赴濟與韓主席
晤商。謹聞。錫庚叩，世。

程伯昂北平來電

民國二十五年二月十四日

南京外交部。密。情報司李司長鈞鑒：四十八號。土肥
原由津來平已一週，預定住平一月，如新年之酬酢，意
在與政會委員周旋，促進中日親善工作。今晨謁宋，談
約兩小時。宋極盼取消冀東組織。土謂當努力設法，必
使辦到等語。竊查殷正在與關東、天津兩軍協商，積極
充實該組織各項辦法，土肥原所云，不過表面敷衍，真
意仍在宋與殷同流。但宋表示決對不能脫離中央，堅持
前議。華北外交，仍在混沌中。報載已有辦法，殊非事
實。外傳土任顧問事，當局有此意，尚未實現，雙方仍
在考慮。昂叩。元。十三日。

程錫庚北平來電

民國二十五年二月一日

南京外交部部、次長鈞鑒：密。世電敬悉。土肥原及今
井武官對我方要請取消冀東組織，雖表示須以北方自治
為前提，但並未提出四項要求，更無華北完全脫離中央
之說，惟對截留中央稅收，移充開發華北資釜一節，時
加催促，宋委員長已予相當應付。謹聞。錫庚叩，東。
附註：世去電係報載日軍領袖對於撤消冀東偽組織，
　　　已向宋委員長提出四項條件，要求華北完全脫
　　　離中央，仰即查復由，電報科謹註。

方唯智上海來電

民國二十五年五月十三日

南京外交部。李司長迪俊兄大鑒：密。日現壓迫冀察完全自治，逼宋僅負軍事責任，政治由吳佩孚、蕭振瀛或殷汝耕擔任，冀東取消，宋部具有反日情緒之將領均須撤換。惟去秋日曾向吳活動，吳提不干涉行政、不佔領土、不借兵，僅允經濟提攜等條件，致談判停頓。此次當不易受利用。弟方唯智叩。元。十三日。

參謀本部第二廳致張部長北平報告

民國二十五年十月十一日

關於冀察自治政府事，田代連日積極催促成立，在原則上宋哲元本已同意，但因宣言經田代四次修改，宋部多不以為然，昨日全體幹部會議決延緩時日，以觀南京交涉之開展。同時，要求駐屯軍以先取消冀東政府為成立冀察自治之條件。今晚消息，關東軍對於冀東組織頗為袒護，以致駐屯軍不能遂意進行。此於宋部對冀察自治政府延緩成立之政策將發生效力，故雙十節前後數日可以平安渡過，前途如何演變，自以南京之對日態度為轉移。按駐屯軍及關東軍對於冀東組織之意見原不一致，田代到任時，即主張同意冀東政府之取消，數月前華北盛傳將有五省保安組織出現時，冀東政府曾一度發生動搖之恐慌，但不久以前關東軍參謀長板垣由綏返津，赴通州視察發表談話，盛贊殷之能幹，謂冀東一切設施無一不合日方口胃，此不啻與駐屯軍主張針鋒相對，蓋殷汝耕平常搖尾乞憐於關東軍，而對駐屯軍殊少聯絡，所

以遭駐屯軍之忌也。

又據教育界消息，北平學聯會決定明晚舉行提燈大會，慶祝雙十節，今日推舉代表向負責交涉，擔保無其他軌外行動，現當局以事關重要，正在考慮之中云。

右件除已抄呈各長官外，特抄呈外交部張部長。

　　　　　　　參謀本部第二廳第一處啟　十月十一日

天津來電

　　　　　　　　　　　民國二十六年一月六日

南京外交部情報司。宋因漾電愧忿，力圖自贖，聯合石友三、張壁計劃收復冀東辦法，石主用武力，張壁分化偽組織內部，使偽保安隊反正，然後二十九軍乘虛搗襲通州。宋因關東軍支持冀東，誤動武力，必惹起戰禍，頗為猶豫。石則願假二十九軍一枝兵力，以自己名義收復冀東，成則請宋轉請中央位以冀東區行政長官，敗則拋開二十九軍，自己承擔，以免日方對宋不利。宋雖同意此計，但又慮石一旦得勢，亦不易制服，是去一虎而引一狼，因囑另籌方法。華北日軍部已得此秘報，支令專田參謀赴通，囑殷注意，速籌防範方法。專田並在通候橋本和知等，微前往開一會議，與通州細木機關長共商抵禦策。鐵。

天津來電

　　　　　　　　　　　民國二十六年一月十一日

密。冀京取消交涉，中孚佳晚來津，灰訪和知接洽，表示如冀京不能整個取消，亦須將昌平、順義、寧河、香

河四縣交還,因此四縣與平津市府擴大政權及設天津、
宛平兩專員署行政有關,日方如顧及雙方友好不宜過
駁。和知答覆此為既成事實,不能談判,必欲交還,請
向關東軍部洽商。駐屯軍部是盼冀察政權明朗化,方可
代向關東軍說話,求其同意取消令,再察未作去,談取
消冀東尚早。中孚無結果,真回平報告。鐵。

八　日準備擴大冀東組織
天津來電

民國二十五年十二月二十六日

南京情報司。密。關東軍參謀田中現在通州,二十三日
召集殷逆及偽廳長保安總隊長等開會,討論如何擴大偽
組織為華北五省防共運動倡導機關辦法。關東軍駐通特
務機關長細木亦出席。定在元旦,在通州、唐山、昌
黎、玉田、道化五地同時先舉行擴大防共會,開始防共
宣傳,新編保安隊旅劉宗紀部即加緊招募,限二月刪編
成。眾。

天津來電

民國二十六年二月十三日

南京情報司。密。殷逆真晨偕偽保安處長劉宗紀、外交
處長林志銘來津。午後二時,津日軍部在海光寺司令部
召集關內外兩軍部、偽滿、冀東四方面會議,由田代主
席。關東軍出席代表為板西第一課長,津軍部參加者為
橋本、松井、飯田、和知、池田等人,議事範圍為:
(一)對南京政府解決陝變容共抗日辦法,講求適當之

對策。（二）對華北特殊地帶造成之促進策。（三）中
日經濟提攜日、滿、支經濟合作事業促進策。（四）利
用前直、魯系軍人造成華北赤色恐怖策。（五）冀東組
織擴大積極進行策。午後六時散。定文晨續議，午散
會。板西擬會後一訪宋，再離津回長。鐵。十七。

九　冀東政府出賣漁權
天津來電

民國二十六年一月十一日

南京外交部。密。冀東沿海漁權由偽政府本月與日方締
結條約，讓其經營。所有渤灣、灤河口、昌、灤、榆、
撫等地海濱所產魚蝦，皆歸日方。內偽政府設有漁業
局，聘日人充顧問，協助辦理。沿海漁產年獲七、八百
萬，每春對蝦產出甚多，今均由偽府送與日方。又偽冀
東派平致中通信社長朱枕薪為參議，在平津收買新聞記
者為偽組織擴大宣傳。眾。

十　冀東政府向滿洲國借款五百萬元
天津來電

民國二十六年二月十五日

情報司。密。偽冀東政府因成立保安補充總隊，款項缺
少，購買槍械服裝皆無辦法，現由關東軍部介紹，擬借
偽滿洲國銀行款五百萬，以北戴河走私貨稅為擔保，二
年返還。偽滿中央銀行總裁田中鐵三郎，於寒（十四）
過秦赴津，先與華北軍部接洽，徵求意旨，然後赴通訪
殷洽商。眾。七。

十一　日方無意取消冀東政府

國民政府軍事委員會快郵代電

民國二十六年五月十一日

外交部王部長密鑒：據淞滬警備司令部本年五月一日密報：「華北日武官近在津舉行會議，其重要議決案如下：（1）反對取消偽冀東組織，鞏固偽滿軍事緩衝區域，抵抗反日滿勢力之伸張。（2）威迫華北實現反共合作。（3）加強華北、華中軍事特務網計劃。（4）加緊推行華北中日經濟提攜，並擴大其範圍。（5）反對外交轉變方針等項」，等情。據此，除分行外，用特電達，即希查照。軍事委員會。執三（灰）印。

十二　冀東考察團在日懸旗案

駐日大使館東京來電

民國二十六年四月二十八日

南京外交部。九六七號。二十八日。偽冀東考察團來東京，住丸之內旅館，門懸五色旗，經促外務省注意，據答當努力使其撤去。唯日本在現在情形之下，對偽冀東不能澈底壓制等語。駐日大使館。

大使館東京來電

民國二十六年四月二十九日

南京外交部。九七〇號。二十九日。並轉許大使。七〇七號電悉。旗昨已撤去，外務省亦電告，經告望勿類似情事發生。大使館。

附註：七〇七號去電，係仰仍切實交涉務使撤去由。

電報科謹註。

第五節 所謂「華北經濟提攜」

一 日對「華北經濟提攜」的真正企圖

參謀本部密函

民國二十四年七月二十三日

密啟者，茲據密報：關於日對華北之產業國策，關東軍決定對華方針，及韓人各革命團統一大黨成立三項，足供貴部參考，相應連同抄件隨函送請查照，密存見復為荷！此致外交部。

附抄密件乙份。

抄送密報

（一）日對華北之產業國策

日軍部因華北問題及察省問題已達其第一步之野慾，而掌握軍事上政治上實權，唯經濟方面尚感不足，故最近將因為滿洲國之創立，而一變為一個普通的交通運輸會社之滿鐵會社，重復歸還本來面目，使之就於對華北國策遂行之重大任務，出資設立華北產業開發會社，使之開發華北產業。同時，滿鐵會社自身在關東軍積極支持之下，擔任遂行華北重要產業之開發統制，及其他各種國策之第一線工作。對於以上計劃軍部與滿鐵間業成諒解，而此種新開發會社擬暫取注重於交通運輸方面之方針云。

（二）關東軍決定對華方針

　　關東軍在察省問題正式解決，即後上月二十七日開其幕僚會議，決定對華方針，其內容大體如左：

　　一、日本之對華政策在於中、日、滿三國充分的提攜，故期於使中國之實權者蔣委員長際此遭遇未曾有之難局為機會，不僅單純的在華北一偶而全面的轉換其對日態度。

　　二、使中國依於三國提攜之強化，掃清外敵，涵養民力以圖國內之統一。

　　三、日本為實行三國提攜計，不論南京或北平唯與願意提攜者握手，以期達成此項理想。

　　四、日本與現在以國民黨為其基礎之蔣氏政權之政策，萬不能兩立，故將事態推移到使中國死心塌地不得不相提攜之地步。

　　五、關於中、日、滿三國提攜之英、美及諸外國之態度，務使其置重於貿易及通商，而關於其他國防治安等一切事情，應不許其過問。

（三）韓人各革命團體統一大黨成立

　　朝鮮義烈團、滿洲朝鮮革命黨、韓國獨立黨、新韓獨立黨、美洲大韓人獨立團等五個韓人革命團體，於本月六日行結黨式，選出各部署部長，並決定解消各原有團體。各部長姓名如左：

書記長金若山（陳國斌）（義烈團）

組織部長金白淵（韓國獨立黨）

宣傳部長崔義山（朝革黨）

調查部長陳儀櫓（義烈團）

訓練部長金奎植（義烈團）

軍事部長李青天（新韓獨）

國民部長趙素昂（韓獨黨）

程伯昂北平來電

民國二十五年八月二十日

南京外交部，密，卅一號。情報司陸幫辦勛鑒：川越今晨十時訪宋，據談華北經濟開發，現已達實行時期，惟開發華北經濟與防共有密切關係，本人此次北來視察，見各地秋收有望，農村受惠良多，此實天助防共，但人事方面仍須地方長官為民眾謀福利，則共匪自然消滅。至報載中日國交之調整，將於九月間開始談判一節，本人並未接訓令，據個人觀察，中日國交之調整，隨時隨地均可進行，不必限以時日云。川越定二十日赴津。昂叩。皓。

二　日人在華北組織商工團體

行政院致外交部函

民國二十四年十月三十日

奉院長諭：「據天津市市長程克馬代電稱，現有旅津在野聞人及紳商等發起組織東亞經濟協會，於本月曶日成立，該會並無實業鉅子在內，發展非易。自當相機因應，使其不致擴大，乞訓示一案。除電復外，應交外交、實業兩部。」等因。除分函外，相應抄同原件，函達查照。此致外交部。

計抄送原代電一件，東亞經濟協會宣言簡章一份，成立

會開會辭一紙及本院復電一件。

行政院秘書長　褚民誼

鈔原代電

南京行政院汪院長鈞鑒：密。溯自中日經濟提攜聲浪瀰漫以後，在津人士紛紛組織中日人民協會團體，藉為活動號召之具，遽予阻止，恐啟外人口實，且地點均在租界，處理之間，時感困難。現有旅津在野聞人及紳商等發起東亞經濟協會，於八月間由社會局轉請立案，當即仿照平市辦法姑准暫先籌備。本月朁日，該會假日租界北洋大飯店召集全體會員，舉行成立大會。據報，該會於是日下午二時開會，報告宗旨係為聯絡中日和平親善，實行經濟合作，旋即討論會章，宣布成立推舉高凌霨、鈕傳喜、孫洪伊、鄭萬瞻、陳則民、沈同午、徐佛蘇、劉驤業、陳曾充、姚國楨、陳樂之、李洪嶽、陳定遠、徐楷、張紹樹等十五人為理事。來賓有日本駐津西田領事，駐屯軍憲兵隊長池上，副官大竹等，各界到會人數共約二百餘人，四時餘散會等語。復查該會倡導東亞經濟合作僅屬在野聞人，並無實業鉅子在內，將來發展亦非易事。惟是華北目下情形迴殊，而天津市租界林立，復為外兵駐在之所，邇年為各種政治主張，又均以津市為策源地，應付稍有不慎，往往貽患無窮。矧當此外交緊張，謠諑朋興之際，克惟有相機固應，或擇其有用之才，酌予名位，或於外交上設法疏解，使其不致擴大，總期竭盡心力，上紓中樞眷命北疆之意。至於用人行政及因應外交種種困難情形，有非楮墨所能詳盡。我

院長洞鑒萬里，諒已早邀睿察也。附呈該會宣言、簡章及開會辭，嗣後遇有此種團體，除隨時飭屬注意外，所有因應情形，是否有當，伏乞訓示祇遵，謹電密陳，敬乞鈞察。程克叩，馬印。

附呈東亞經濟協會宣言簡章一冊成立會開會辭一紙。

東亞經濟協會宣言簡章

東亞經濟協會宣言　（八月十八日發起人大會提出）

　　土地所養人者也，物競天擇之秘既宣，益徵人孰不圖生存，矧晚近門戶開放之說盈天下，巧取豪奪，任弱肉而強食，固眾所不許，而深閉峻拒，效則足以抱璞，亦勢所不容，能明斯義乃足與語今日世界經濟爭衡之局。惟是國家之定義在社會科學上，自有其顛撲不破之界說，彼倡論有國際無國界者，在借主義以滅人國，徒欺人而自利，乃使大地上個個國家舉日瀕於危境。考其說之由來，罔非襲取「資本制度社會必然崩壞，社會主義制度之社會必然代興」之餘沫，鼓吹蹈揚，冀以擊碎世界各國現有之經濟組織，而證實其主義之可推行為快，獨怪今之資本制度國家自埋自掊，如關稅戰爭也，生產復興也，通貨膨脹也，凡此設施，類屬損人利己，甚且壓榨與國之膏血，以供擴軍之代價，繁榮未復，崩潰立呈，豈非徒令仇者張目而親者寒心耶？

　　本來生產關係發生於人類相互之間，在國際上尤趨於深刻化，故國與國如斯關係不特無可避免，且需善謀結合，甲國與乙國之生產力及其生產關係供求相應，一致合作，其經濟組織必臻健全。顧國際經濟關係利害極

為錯綜複雜，故宜採取今日所流行之集團經濟政策擴而大之，擇其壤地接，人種同，生活文化皆能切近者，依平等互惠之原則結為一團，但求生發勿事擠傾，斯在民族生存發展上，內之可不感窘迫，外之可因應潮流，事至便也。東亞民族自存自決何嘗非一理由，徒以箕荳相煎，馴至授人刀俎，譬諸一家爭產，始則於搶臂奪食，繼則剝床及膚、鄰里侵陵、室家蕩折，終不同歸於盡不止，則回顧當時鬩牆操戈，果真有其不可以已者乎，吾人所由認定東亞經濟關係必須合作，此其一義也。

世界和平重遭威脅，無一不出於經濟集團之鬥爭。歐洲國際間縱橫排闔，多腦河畔新興勢力之抵觸，巴爾幹半島舊日存在之暗礁，與夫義亞今日之劍拔弩張，謂為政治推演相激而成，毋寧謂為經濟侵略，實逼處此，美之復興政策，蘇聯第二五年計劃最後一幕不難揭知。東亞既屬絕好市場，角逐馳驟，又何能例外。然東亞經濟情形是否安定，繫於世界二次大戰實非淺鮮。但就中國而論，其地大物博，亟待開發，人工便宜，遠非他國所及，果一切實業悉加開拓，生產力必能銳進，購買力亦隨而激增，舉以挹注世界市場，必綽有餘裕。日本因其經濟文化早有優越的成就，在東亞已取得先進國家之地位，人民勤儉耐勞，與中國人同為東方人種之特色，更在經濟上觀察日本生產所感缺乏者，中國恆見為過剩，中國物資所感需要者日本儘足以供給，於此而謀所謂經濟集團之運用，豈特東亞國家民族之幸，抑亦世界和平之幸。況目前中國西北赤禍燎原，此久為共黨處心積慮之一條國際路線，果被打開，則東西彼時將變何局

面,念之當不寒而慄,吾人所由認定東亞經濟合作,必
須從中日兩方開始,此又一義也。

　　中日國家在已往政治措施上之衝突,毋寧亦謂為經
濟關係不良所致,試觀政治的參戰借款,生產的鐵路、
礦林。電信借款,以逮金融企業之銀行工廠礦山,合資
總計達七億元以上,前者債務未能履償,後者經營不盡
生利,而貸受雙方轉復積成多少惡因,遂有今日以前之
惡果,比者經濟提攜之議,既已發自日方,中國與其勉
與接受,何如出以自動而擴大其合作之之為愈,蓋接受云
者不無強制之性質,若自動合作,事前尚可準備洽商,
善為肆應,當事亦可參加計劃,各抒主張也。況經濟集
團本含有共同利害之目的,所謂「統制」,所謂「範
圍」,則屬方法之一部,而有俟於和衷之探討。惟所要
者,凡屬東亞國家對於此項結合;第一、無論中日皆須
絕對的平等,以維主權獨立之地位。第二、無論農業國
抑工業國,各宜予以機會發揮本能,不受限制,以符互
利之原則。第三、東亞以外國家雖不在集團以內,亦無
侵害其既得之利益,以破除亞洲門羅主義之誤解。第
四、合作程序因中國長江以南流域早形成其特殊經濟範
圍,西北邊境赤化勢力正險惡,自應先從習慣上所稱呼
之華北區域入手開發,而後漸及於各地,以圖實現之
可能。依此四點,循軌以趨,就範而治,則中日兩方
得經濟之協調,進而蘄政治之解決,必不難矣。吾人
所由認定中日經濟合作,尤須先從華北開發入手,此
又一義也。

　　由東亞經濟關係而縮到中日經濟合作,更由中日經

濟集團而縮到華北開發。似其含義不廣，興舉不難，實則萬緒千頭，未得其端，莫從而理。試就事實方面言，華北區域最近依一般習慣之解釋，以包括冀察、綏、晉、魯為界，然綿亘此數省之山脈河流，鐵道航線，無論天然人工，皆不能與他省強為劃分，則生產關係自亦密切。晉煤行銷滬市，豫、寧需要蘆鹽，即其一例。五省之內，交通建設、水利農產、如滄石、包寧鐵路，亟待展延，冀晉察綏鐵路、公路亟需聯結，冀、魯棉業，察、綏牧畜，亟宜改善，此時一有經營，則調查設計尚矣。華北經濟狀況，因五省比年水旱兵燹相迫而來，農村凋敝，工商業不振，以致生產減少，購買萎疲。據海關報告，全國輸出輸入同樣低落，糧食入口居其大宗，可謂萬方一概，何有餘力以資開發，至技術人才，中國素來缺乏，歐美專家合作，早有先例，若衷諸中日兩國風土慣習，及華北現時所需求工農等實際問題之改進與設施，實大有賴於日方專門學者誘掖與指導，故由資本技術兩者觀察，則聯絡紹介，厥自弗容偏廢者。次就理論方面言，中日政治糾紛未泯，其問題之嚴重性，隨處皆可發見，又已往之中日合辦事業，每因感情作用，或中途擱淺，或根本消沉，今者既有合理的、善意的經濟合作，自應將以前誤解，悉與掃除，惟其癥結所在，有需事實證明，且非稍長時間莫辦，而建設事業如開礦、築路、改良土地等，皆與民間作較深之接觸，通常誤會，猶所難免，計惟廣羅地方物望，出任疏解，其有關於合資經營之利益，必藉新聞圖說預為宣傳，先入為主，乃免異辭，故合作期中，是等工作至稱重要。同人

等鑒於上述事實理論兩端有一為華北開發之梗，而東亞
經濟關係之全部即亦不克完成，爰有東亞經濟協會之發
起，極欲負此使命，而為邦人君子效其前驅者也。

抑有進者，中日間過去政治上發生惡化之事實，在
雙方國民絕無其責任，用是雙方國民經濟殊有合作之自
由，今則一方政府明令誥誠睦鄰，一方政府倡言經濟提
攜，同人等奉以周旋，滋慚綿薄，惟凜亡念亂，責在匹
夫，尤於華北一隅，或關桑梓，或久釣遊，正義所驅，
天職宜盡，昔孟子之告齊宣王曰：「樂天者保天下，畏
天者保其國。」又引周太王之言以告滕文公曰：「吾聞
君子不以其所以養人者害人。」所望與東亞人士共矢寅
畏於天命，而勉為養人之君子也，弗辭嚾引，敢竭捆
誠，謹此宣言。

東亞經濟協會簡章

第一條　本會定名為東亞經濟協會。

第二條　本會謀東亞經濟之發展，並各種實業之開拓。

第三條　凡贊成本會宗旨經會員二人以上之介紹，理事
　　　　會之許可，得為本會會員。

第四條　本會設總會於天津，設分會於各地。

第五條　本會應有之職務如左：

　　　　（一）關於各種實業調查事件。

　　　　（二）關於各種實業設計事件。

　　　　（三）關於投資聯絡事件。

　　　　（四）關於技術人才介紹事件。

　　　　（五）關於地方情感疏解事件。

（六）關於合資利益宣傳事件。

（七）關於其他企業事件。

第六條　本會會員大會，由理事會決定召集，但有會員五分之一以上認為有開會必要時，得請求理事會召集。

第七條　本會開會員大會時，以常務理事一人為主席。

第八條　本會會員大會以到會人過半數議定行之。

第九條　會員大會議決事件，交由理事會分別執行。

第十條　本會設理事十五人，由會員大會推選，常務理事五人，由理事會互選。

本會設名譽理事，無定額，由理事會推選。

第十一條　理事會為本會代表，但須得出席理事過半數之決議方為有效。

常務理事會代表理事會，以三人以上之署名執行職務。

第十二條　本會為執行第五條各項事務，設左列各部：

一、總務部　管理本會文書、編纂、會計、庶務、宣傳、交際及不屬於其他各部事項。

二、調查部　管理本會應行調查事項。

三、設計部　管理本會應行設計事項。

第十三條　各部設部長一人，副部長二人，幹事無定額。

部長、副部長由常務理事會推任，幹事由部長、副部長推任。

各部長、副部長秉承常務理事會執行職務。

第十四條　本會得延請海內外名流，具有經濟上之經驗
　　　　　或專門學識者開討論會，請其發表意見，
　　　　　交換智識。

第十五條　本會理事會、常務理事會及各部辦事細則，
　　　　　由理事會另定之。

第十六條　本會經費由會員自由認定或分別籌集。

第十七條　本簡章呈請官署立案後施行。

東亞經濟協會成立會開會辭

　　中華民國二十四年，即公曆紀元一九三五年，西人
之預覘世運者，咸凜然於自是年以迄一九三六年必且有
世界二次大戰之爆發，誠以近之如薩爾改隸，米美爾競
選，遠之如海縮會議，太平洋約章，凡斯問題無非事
實與時間相逼而至，蓋可測也。孰意東非爭端，應勢以
起，戰局蔓延展轉，牽率英、義、德、法，勢或盡入漩
渦，預言之縣，不幸而中，果竟不在彼而在此歟，反觀
吾東亞和平前途，以中日間之滿蒙問題，以第三國際間
之宣傳，赤化問題，縱橫軋轢，亦各岌岌，末由自保，
而進一步究其內在的因素，何莫非生殖過剩、經濟壓
迫，終而成國家主義、社會主義、民族主義混合的、膨
脹的無意識之衝突。更反觀吾國今日都市墜落，農村破
產，江淮河漢流域無一不災，西北東南境界無一不匪，
又何莫非生產萎縮，政治廢頹之結果。同人等禱祈世界
和平，願力俱絀，則退以謀東亞息事寧人，弭兵止爭之
道，及吾國安民保境生聚教訓之圖，能毋亟亟，東亞經
濟協會之組織，此物此志也。茲逢成立伊始，爰攄誠申

祝而為之辭曰：

鴻濛否塞，龍血玄黃。義阿交鬨，歐陸皇皇。世界
大戰，於焉濫觴。人道是恫，蒿目西望。生殖過剩，主
義飛揚。非種者鋤，昧弱者亡，禍福自召，唯命靡常。
物競天擇，公例昭彰。緊吾東亞，地大物穰。中華古
國，日本新強。譬諸兄弟，務誡鬩牆。平等自主，互重
立場。經濟提攜，利在通商。供求相應，勿過責償。技
術生產，能盡其長。和平攸賴，奚止小康。暹、印、
俄、土，雖不殊方。同文同種，拱漢揖唐。大亞細亞，
橫太平洋。雍雍一堂，民族之光。

抄本院代電

天津程市長仲漁兄勛鑒：馬日代電暨附件均誦悉。來電
所稱東亞經濟協會並無實業鉅子在內，又稱或於外交上
設法疏解，使其不致擴大等語，具見藎慮周詳，深中肯
綮，曷勝佩慰，即希慎本此旨，妥為因應，務使內外共
明該會真相，勿令別生枝節為要。汪兆銘敬。

丁紹伋東京來電

民國二十四年十一月十三日

南京外交部。二八三號，十三日。日本電報通訊社昨舉
行卅五年紀念會，邀請外交團及朝野來賓一千餘人觀
劇，其赴華經濟視察團團長向來賓報告，此次受中國各
方盛大招待，與國賓無異，非常榮幸。其社長光永及神
子島等，特請伋轉電鈞部致謝，謹聞，伋叩。

北平嚴寬來電

民國二十五年二月二十五日

南京部長何：密。1. 長春訊，日對華北開擴實業經濟等
事，興中公司將在華組設分部，該公司社長十河信二養
可到津晤多田、川越、石本，為開擴步驟，作重要協
議。2. 哈訊，偽蒙之間日來空氣雖轉和緩，雙方戒備迄
未稍鬆，北滿居民因避戰謠入關逃難者日益加多等語，
謹聞。職寬叩，皓申印。

天津來電

民國二十六年一月二十九日

密。在華日本商工會議所，本年五月東在滬開會，決定
以滬、津、濟、青、漢、粵、閩各地會議所為中心，結
成在華商工聯合會，採共同方針，分為南北進行兩種經
濟政策，聘受駐華大使館商務領事岩井之指示，為重大
之經濟商務發展，華北各商工會議所正擬提攜中。清，
九七。

三　王克敏北上

部長會晤須磨總領事談話紀錄

時間：民國二十五年七月二十五日上午十一時

事由：一、中日合作資金問題。二、減低稅率事。
　　　三、滬福通航問題。四、中德易貨協定事。

一

須磨：王克敏氏北上事，本人已有所聞，我方甚希望

其能實現；但側聞曹汝霖、湯爾和等均不肯就冀察政委會委員職，王亦在躊躇中，未知部長對此事亦有所聞否？

部長：日前王君曾與余晤談，揣王之意，似甚注意辦法，如辦法商定，則可以北上，但對余尚未詳談。余曾勸其北上，因王聲譽甚好，可符各方殷望；川越大使、喜多武官均主經濟合作，此乃余素來之主張，從此入手，可開調整之端緒。王君對此問題，頗有研究，故余勸其北上。王君返滬與川越大使及北方來員商接情形，余尚無所知，倘能與曹、湯諸君同就冀察政委會事，確係改善現狀之一辦法。

須磨：部長意見甚表同感。我方力勸王北上，王如北上，則可實現雙方之期待。王曾晤川越大使，但無具體談話；池田參謀今日來滬晤王，說明一切，但料想不致有新內容，大概即係已談之事，諒必王已向部長談及，要點在於經濟合作之資金來源問題。經濟開發自需要大額資金，其需要之限度若何，籌措之辦法如何，函待研究。以前中央對冀察政委會允每月補助百萬元，但四月以後並未照撥，如月撥百萬元，則年僅千二百萬元之數，誠不敷用；可否設法由中央每月一百五十萬元，如此則年可有三千萬元，如每月能多撥二百萬元更好。但如何籌出此數，實為目下亟待研究之要目。

部長：詳情王並未與余談及，余以為既云合作，應由

雙方詳予考慮。冀察收入,除債務外,實際上
已全數撥付地方應用,此點可從計算上獲悉。
依財政部計算,中央尚有虧損,現在支出數目
約五百數十萬元,較張副司令學良時代,已多
支出百餘萬元。況今日關稅收入激減,人所共
知,究竟再能籌撥若干,殊不可知。依余之
見,第一,須先從計算上研究,俾明真相。第
二,如不能籌撥,我方固當考慮,日方亦應加
以考慮。第三,民間資金應設法利用,若以全
部之資金來源,仰給於政府,目前財政狀況,
實不可能。余個人之意見如此,至具體辦法,
須專家根據詳細資料研究,非余所能言,但信
由研究中可以發現途徑。

須磨:余對部長所談,完全同意,先由政府盡量籌
措,如政府力量不足,可利用民間資本。冀察
收入,我不詳知,但鄙意以為不能以今日稅收
額為標準,蓋現今並非常態,如何使地方稅收
增加,在實際問題上,解決走私,亦一辦法。
如資金可以多籌,事業因以發達,可促兩國關
係正常化,稅收亦可增加,最好將以後地方增
收,均撥作此項資金之用,則更善矣。

部長:貴見固是,財部地位不能不著眼於目前之實際
問題,余立於中間地位,待商討具體問題時,
余當從旁盡力。

須磨:不憚反復言之,政府之稅收並無定額,政府可
否規定從全部收入之中支出若干部分,亦為一

辦法，外債擔保部分，自可除外。

部長：如貴方主張以冀察收入歸地方使用，則有企圖華
北財政獨立之嫌，最招誤會，不可如此說法。

須磨：辦法自可互相研究，余以為上述辦法，並非不
合理。

部長：須合理的考慮，並合理的解決。

二

須磨：中日關係，應使之速復常軌，雙方須為此努
力，但此決非理論空言所能收效；華北財政問
題與走私問題，應合併研究，走私之原因，實
由於現行稅率對日本輸入之若干種貨品，課以
異常高稅率，含有排日意義，如能對此相當減
低，在貴國亦多便利，稅收或反可增加，藉此
亦可增加地方開發之資金。余聞李滋羅斯氏亦
有類此意見，此事如能實現，則於回復軌道之
工作，甚有裨益。此事聞兩月以前即由稅則整
理委員會研究中，此雖屬於財政問題，部長作
為政治的問題之一種手段看時，有何意見。

部長：財政非余之主管，屬於財政之政治問題，余不
能加以斷論，但如談此問題，個人認為有應
注意之點，前此或已談及。第一，解決問題
必須先有好的印象，此固不限於本問題，欲求
解決任何問題，不能先予對方以不良印象，否
則將增加解決之困難。日本欲談關稅問題，而
先造成走私之事實，以此事實予我方以壓迫，

而要求減輕關稅，此最予我人以惡劣印象，故走私非嚴行取締不可，不得併為一談。第二，現行關稅是否過高，此屬財政中之專門問題，個人素鮮研究，以前關稅不自主，稅率甚低，改正後雖漸見增高，但平均數較日本尚低，即同樣貨品，如砂糖，我所課者亦較日本所課之入口稅為低，此日方應當考慮者。此事與財政預算均有關係，一國之收入，在理論上以關稅為第一收入，固非良法，但中國關稅實占收入之第一位，近年經濟現狀衰靡，關稅收入已漸減少，一時又不能另求財源，如減低關稅，影響及於內外債及財政收支，則必不易辦到。第三，應注意本國商工業之保護，以前改正二、三次，有數種品目，含有保護本國商工業之意義，自不待言，故談改正關稅，仍不能忽略此點，若減關稅而陷本國工商業於破產地步，自非政府所能為。以上三事，為談關稅問題之先決問題，宜多加考慮。

須磨：部長所述各點，尤以第一點不可有要挾之意，余完全贊同。今日余特作為中日間一政治問題，亦即作為恢復常軌之一辦法，對部長提及，誠如部長所言，予貴方以不良印象，最為不可。

部長：日報每有如欲解決走私問題，必須減輕關稅，或言因關稅過高，乃有走私等宣傳，此類記事，毫無好處，徒增惡感，務宜避免。

須磨：誠然，此項記事可予以揭載禁止，余可建議政

府；希望貴方自發的設法，在有辦法以前務令新聞不加以評論。

部長：大前提為經濟合作，倘不排除枝節問題，進行上雙方均增加困難。更有一事可注意者，例如余對君有百萬元之負債，應照約按期償還，但余之現狀，僅能勉強維持營業，不能履行余之義務，倘君強余照契約還債，則余之營業陷於破產，於君亦大有損失，在此情形之下，只有減免利息，或延長償還期限，一面維持余之營業，一面收還君之債務，方為賢明之辦法，此雖另一問題，談到關稅問題，此種精神亦應注意。

須磨：貴意十分明悉，余以為在此時局，如貴方能惠予實行，兩國間空氣可大見好轉，當然以貴國所能行之範圍為度，請部長為力。

部長：此事實際上必甚費氣力。

三

須磨：許大使最近訪我有田外相，有田外相亦談及對部長在二中全會之演說，甚表同感，部長所言，正吾人希望之一事。在此時機，關於滬福通航問題，忽發現一困難之事實，即據確報：德國與阿富汗已締協定（此係德國駐阿富汗公使傳出消息），歐亞十四座機自柏林飛至阿富汗，經過帕來爾，而達貴國之蘭州。此協定本月二十五日起實施，當初因俄國反對，歐亞通航不能實現。關於中日通航問題，貴芳曾經允

　　　　諾如與他國通航，必先與日本辦理，今德機可
　　　　通至蘭州，我方希望迅將滬福通航問題解決，
　　　　於中日關係之調整，關係甚大，不待多言。

部長：余來外部已半年以上，與日方人士，尤以與有
　　　　田大臣有較深之認識及私人友誼，故余急欲
　　　　解決兩國之懸案，但其所以未能解決者必有
　　　　其困難之原因。通航事件大使已來電談及，君
　　　　日前已晤陳次長，余對此事，正考慮中，目前
　　　　恕不能為確實回答。總之，余願早日使雙方關
　　　　係煥然一新，兩國問題最好解決十分，否則作
　　　　到七分、八分，再不能則先作五分、六分，乃
　　　　至二、三分，本此方針作去，於兩國邦交必甚
　　　　有益。但如何造成解決問題之機會，須雙方努
　　　　力。問題中或有利於中國者，或有利於日本
　　　　者，余信賴有田調整中日問題之誠意，極願以
　　　　有田大臣為對手，由吾人之手解決一切問題，
　　　　此為余之心願，至此間之複雜關係當能見係。

須磨：通航事之分量，或如部長所述二分、三分之問
　　　　題，但此二分、三分之分量，實作前途大有關
　　　　係之二分、三分。廣田大臣最努力此事，此事
　　　　解決後可開中日調整工作之端緒。

部長：余對此正考慮中，余之方針則始終不變。日本
　　　　新聞記者有挑撥感情之不當記事，如用「蔣政
　　　　權」之字樣以及三相會議聲明云云，不勝枚舉，
　　　　本部已電會許大使與有田大使一議，余之信念，
　　　　雖不為此等記事所動，但雙方正在努力造成康莊

坦途之際，彼此均不宜稍有妨礙之工作。

須磨：貴意甚贊同，三相會議聲明並無其事，對於新
聞記者我方當盡力取締，依余之見，終大局著
眼，良機已在目前。貴國內政上西南方面問
題，大體似已告一段落，此際正應努力於關係
重要之日本問題，捉住良好之機會，不可放過；
在貴國固亦或有困難，但為大局計，望部長毅
然以勇氣出之，小問題亦可逐漸解決之。

部長：余在二中全會報告，可為君一議。兩廣起事抗日
為標榜，此因國民對兩廣雖不滿，對抗日或有同
情，但余則負責報告對日外交，尚有商議餘地，
因就去年之形勢與現在之形勢比較，由廣田大使
與有田外相之努力，在余確信已有進步。故余作
此論斷，業一日本對華態度轉趨強硬，則余前此
所言成為謊言，余之立場陷於困難，余對之自須
負責。倘能使空氣好轉，作為良好機會，則可為
余演說之佐證，是余所盼望者。

四

須磨：廣田、有田兩大臣及軍人等，亦贊成吾人之主
張，但同時又有一刺激情感之消息，例如中德
貿易協定即是，關中國因德國墊款，將購入大
批武器。

部長：此事乃二年以前之舊事。純為一購貨契約，絕
無向德國購買大批武器之事，如買武器，有錢
向任何國家均可買，何必如此辦理。在德國經

濟狀況之下，當然亦不能墊款，故雙方以貨亦
貨，締結契約事極尋常。

須磨：貴方對德貿易協定，因傳有購買武器關係，我方
甚為關心，已電駐柏林大使查詢；今聞部長之
言，甚為放心，余當報告敝國政府，日本一般
認該協定為在德滿協定後始成立者。

部長：決非為此，而為兩年以前之舊事。

須磨：余甚放心，如可能，何妨將此事實與發表，以釋
一般之疑慮。

部長：可考慮。

十一時半，須磨始辭去，七月二十六日呈。

程伯昂北平來電

民國二十五年七月二十八日

南京外交部李司長鈞鑒：。密。二十四號。華北外交表
面雖覺沉寂，而暗中活躍甚力。緣日方以冀察政委會成
立一載，二十九軍屢次表現敵對行為，雖最低限度之經
濟提攜亦無誠意，故有文人政治之主張，並全體贊同磯
谷、川越等之提議，以王克敏為對象，澈底實行北方經
濟提攜。此間當局早有所聞，遂為迎合彼方心理，電約
王氏北上，主持財政，本為一時敷衍之計，非真欲倚重
有所作為也。而日方公然由官方發表，一體援助王氏之
聲明，意在捧王氏上臺，主持冀察政委會全部政務，並
明言請二十九軍協助，實暗防宋氏之干涉，而此項聲
明，適啟二十九軍全部之猜忌，深恐日方與中央妥協，
失其現有之政權，已早存明迎暗拒之意。宋、王會見談

話極為圓滿，王始離平，即發表以鈕代王之令，茲復暗嗾人在津市散布傳單，明示擋王之決心，一方面向日方表示此後誠意澈底實行經濟提攜，以副其期望，無須中央派員代辦，致起糾紛。惟日方以宋素缺誠意，現又臨渴掘井，搪塞一時，殊不可靠，迄未予以諒解。愚昧之見，現值西南奠定，威信已孚，中央正宜放大眼光，權其輕重，示日方以誠意，急謀解決之方，必能事半功倍，華北或可轉危為安，實千載一時之機也。愚見當否，敬請鈞裁。昂叩，儉印。

程伯昂北平來電

民國二十五年八月十八日

南京外交部：密。卅號。情報司陸幫辦勛鑒：篠電敬悉。川越大使今午十一時半到津，住長盤旅館，發表談話稱：本人此次北來為視察性質，巧日下午赴平訪晤各方，再行返津召集領事會議，聽取各方情形，定月底返京，乘便晤韓，對華北經濟提攜事，首重建設交通網及覓適當港口，以華北當局為交涉對向；口力由軍部、領事館或商民隨時接洽，至中日國交調整上須由經濟方面入手，惟以關係複雜，極願與華方接洽，希望華方預作準備，國家相交亦如友人同處，捨短取長，在互利原則下求得融洽，日本希望中國農村復興，商場繁榮，並極願盡力幫助。關稅減低事，日方已準備隨時均可談判。王克敏何時北上尚不知，惟日方仍希望王氏來平辦理經濟提攜。綏東問題，華方難免誤會，須知防禦蘇俄為日本君民極為注意者，本人志願在努力解除雙方誤會，如

誤會消除，自能臻於真正親善之境云。又冀察政委會在
津成立冀察緝私稽查處，擬在北平張垣等處設分所。對
走私貨物徵收消費稅，關稅率仍較低於冀東偽府。昂
叩，篠印。
附註：篠去電，川越行蹤言動，請詳查報告由電報科
　　　謹註。

程伯昂北平來電

民國二十五年八月二十日

南京外交部。密。卅二號。情報司陸幫辦勛鑒：川越在
津與我方在野名流談話謂，中日經濟提攜，希望由經濟
方面達到華北明朗化，雙方合作一切建設、交通、開
港、開礦等事業。王克敏北來辦理華北經濟，中日深表
同情，不意為宋氏左右所阻。華北走私機關，實為中國
浪人買串日浪人所為，日方可以協助辦理，不難解決。
綏東土匪擾亂，日方實未援助，余素抱兩國親善心理，
不願有傷感情云。聞川越此來所攜方案，最要者為擴張
警察權限及領事範圍。昨訪宋所談關於防止國際共黨活
動一節，較為重要，對平津過去學生潮，認為國際共黨
指揮，似嫌當局取締不嚴，勸宋防共再加努力，日不惜
任何援助。此外，並無重要提議。對華北具體辦法，須
俟養日在津召開領事會議後，始能決定。昂叩，號。

方唯智上海來電

民國二十五年八月二十日

南京或牯嶺李司長迪俊兄大鑒：密。據報，宋對日方經

濟合作事，委託西田顧問進行談判，滿鐵津事務所擬定
對華北經濟提攜綱領，內容包括礦產、羊毛、麥、棉、
交通等項，雙方正在研究中。宋對中央最近頗表不滿，
果時局一時無變化，對日外交將由消極轉趨積極，以鞏
固權位為標準。經委會主席有膺蕭振瀛復任說，且已徵
求日方諒解。弟唯智叩，號。

部長會晤須磨秘書談話紀錄
在座：周隆庠
時間：民國二十五年九月一日下午四時三十分
地點：外交部
事由：一、關於華北問題
須磨：前日在滬會晤川越大使，曾作極簡要之談話。
　　　大使此次赴華北考察，曾會晤宋哲元三、四
　　　次，談及種種問題。對於北方情形，十分明
　　　瞭，所抱意見，與向來無異，以為欲改善北方
　　　情勢，首須從經濟問題著手，尤宜注意地方特
　　　殊情形。宋氏對此亦表贊同。詳情當再由川越
　　　大使來京時，直接向貴部長陳述。
部長：王克敏氏北上能得具體的結果否？
須磨：一般空氣甚為良好，可望得具體結果。但如從
　　　人事問題、財政問題著手，對二十九軍方面，
　　　難免不發生誤解，反將引起其他枝節問題。故
　　　寧暫置勿論，而從其他向未做過的財源問題著
　　　手，較為得策。據本人感想，如建築鐵路及與
　　　南京方面商量財源等問題，當能有圓滿結果。

部長：此事現在有無實現之可能？

須磨：率直言之，現在情形，比較三星期前良好多
　　　矣，堪請釋念，但其辦法，暫時務請從經濟方
　　　面進行。

部長：此事儘可商量，余對王克敏氏亦擬儘量援助之。

須磨：此事很有成功希望，王克敏氏關於財政問題，
　　　曾否請示部長？

部長：曾經抽象的談過，但並未涉及具體問題。

須磨：王氏苟能與宋氏合力，注意地方的特殊情形而
　　　著手合作，只要部長加以後援，當有成功之希
　　　望，但不宜操之過急，務須逐步漸進，忍耐與同
　　　情，均屬必要。川越大使之意見，亦大體如此。

方唯智上海來電

民國二十五年九月五日

南京外交部李司長大鑒：．密。據津方報告，日人對王
克敏之態度日變，軍部方面放出空氣謂，華北局面日人
決不放鬆，致與中央合流，華北在外交及經濟上無處非
特殊情形，果王氏此來希圖造成蔣系勢力之膨脹，則將
與日人以極大刺激，不得不取斷然處置。日方對經濟開
發一節，係對事問題，而非對人問題，王氏有否此雄渾
之魄力，頗為懷疑云。方唯智叩，微（五日）。

四 宋哲元與田代商談中日經濟提攜

程伯昂北平來電

民國二十五年十月五日

南京外交部密。五五號。情報司李司長鈞鑒：密。報稱今晨宋接見新聞界答記者問，外傳田代向余口頭要求六條，係八條之誤，內容無非逼迫成立華北國，關稅自主及中日通航等問題。田代此項要求，仍係根據前者多田之提議，繼續談判，余決置之不理，已交外交委員會以書面敷衍。至通航問題，已交天津電話局長王若僖辦理。又關於國大選舉事，宋稱國民黨高呼口號還政於民，去年即應實現，乃迄今已延遲一年矣，宋意華北辦選舉（似有脫漏）決不可能。昂叩，歌。

行政院秘書長致外交部函

民國二十五年十月二十八日

奉院長諭：「據宋哲元感電，報告與田代司令官所商中日經濟提攜原則八項。應交外交、財政、實業、鐵道四部迅速核議貝復。」等因。除分函外，相應抄同原電，函達查照。此致外交部。

計抄送原電一件。

行政院秘書長　翁文灝

抄錄宋哲元感電

南京行政院院長蔣鈞鑒：密。中日經濟提攜，日方提出已久，迄未與議，職上月在津與田代司令官面談，關於開發經濟互換意見，在平等互惠共存共榮之原則上，曾

有彼此諒解,為將來企辦之事項,並無如外傳協定等事。茲將所談四原則、八要項列呈於後,文曰(甲)中日經濟提攜之原則:一、遵據共存共榮之原則,以收中日均等之利益。二、中日經濟提攜,中日應以平等的立場規律一切。三、各種經濟開發之事業,或由中國方面向日方借款,所以中日合辦之企業體型行之,日本軍為援助此種事業,願從中斡旋,由日本方面招致莫大之資本與優秀之技術。四、以謀民眾之福祉增進,而得安居樂業為主眼。(乙)經濟開發要項:一、航空,開始經營定期航空事業。二、鐵路,敷設應為產業根幹之鐵路,因此首先新設津石鐵路。三、炭礦,開發優良之炭礦,因此先與礦權者協商,促進井陘、正豐炭礦之增產。四、鐵礦,探查與採掘鐵礦以振興鋼鐵事業,目下當著手開發龍煙鐵鑛。五、築港,為使華北物資易於輸出計,於塘沽附近先選定地點,經探查研究之下,隨鐵路及礦山之開發,繼續進行於該地點開始築港。六、電力,擴充電業並舉行水力資源之開發。(七)農漁村之振興,為涵養民力以謀農漁村之福祉增進,因此首先促進棉花、鹽、羊毛等之對日輸出,並舉行治水及水利事業。(八)通信,實行改善與統合既存之施設,為此如需要資本技術人員時,應依日本之助力等語。謹電奉聞。伏乞鑒核。職宋哲元叩,感印。

行政院訓令

民國二十五年十月二十九日

查宋哲元感電報告與田代司令官所商中日經濟提攜四原

則、八要項一案，昨經奉交外交、財政、實業、鐵道四部迅速核議具復在案。茲又奉院長諭：「應加入交通部會同核議具復。」等因。除分函外，相應函達。此致外交部。

行政院秘書長　翁文灝

五　日向華北投資
天津來電
民國二十六年一月二十七日

南京外交部：密。日軍部與滿鐵產業部在津召集之經濟會議，其重要議決為：一、塘沽築港，應如何進行。二、津石鐵路建築，應如何與中國合作。三、龍煙鐵礦恢復，日方如何加入資本。以前所訂三項預算，塘沽港須三千萬元，津石路須二千四百萬元，龍煙礦須二千萬元，現因資本難籌，日方已決定縮小範圍，於此次會議通過新預算，先辦津石路，次塘沽港，再次龍煙。除日資外，希望宋切實合作，誘發華人加入資本。津石路定於本年四月興工，田代宥（二十六）接見宋時已表明。慎，八四。

天津來電
民國二十六年二月三日

南京外交部：密。日方擬以二千五百萬向華北投資，擴充文化事業事，冬（二日）已派外務省理事官田村真吾來津訪各方，並調查實況。田村為文化事業部主幹，堀內江歸津時，彼此會商。屆時濟、青各地領事均來津

一議,然後由田村攜華北領事意見歸國。田村冬(二日)訪橋本岸偉一領事,江(三日)擬視察中日中學,中日商業學校及愛善日語學校,將令愛善校擴充,多造親日人材,三月間選該校生十餘人赴日參觀。慎,四。

第六節 華北自治問題

一 日本威迫華北自治

程伯昂北平來電

民國二十四年十一月十八日

南京外交部情報司李司長鈞鑒:密。八號。華北新組織因彼方威迫限二十日以前實現,否則將自行辦理。現當局陷於不得不屈服之勢,華北政局變化恐難倖免,惟地方尚稱安謐。謹密陳。昂叩,巧。

丁紹伋東京來電

民國二十四年十一月十九日

南京外交部。二八六號。十九日。呈閱並祈轉蔣大使。據密報:關於華北自治風說及上海暗殺事件,日本內閣元老重臣等恐惹起國際糾紛,不欲行使武力,日前岡田謁西園寺即為決定此方針,已電令駐華武官制止其妄動矣云云。謹聞,伋叩。此電已代轉蔣委員長及蔣大使。

二　蔣介石電諭停止談判

程錫庚北平來電

民國二十四年十一月二十日

南京外交部部、次長鈞鑒：密。蕭主席面稱，昨奉蔣委員長電諭，華北事著停止談判，等語，已遵辦，並已通知土肥原。等因。謹聞。錫庚叩，號。

三　華北自治與宋韓態度

軍政部保定來電抄商震馬申機電

民國二十四年十一月二十一日

急話。三一二八四，南京：密。今早十一時，天津日駐屯軍參謀中井偕平井通譯官飛抵保定，當令秘書長招待，告以震在醫院養病，經該參謀力請，因在醫院延見。據談：（1）華北自治組織，係外務省與軍部一致主張，並非少數人所策動。（2）自治組織已得韓、宋等之同意，震遲不赴平，並服從中央命令調動軍隊，平津方面咸疑為有意破壞自治運動。（3）希望三、五日內病如痊愈，速赴平津協商，或先派代表前往。（4）二十九軍不至反對卅二軍舉動，日方可以保證等語。彼等坐談十餘分鐘，震祇以頭暈不便多談，俟病愈再議，含混卻之，並催令離保矣。謹聞，商震叩，馬日機印。

外交部致東京大使館電

民國二十四年十一月二十二日

Sinoembassy Tokyo：密。馬電計達。頃據商主席電稱，十一日上午十一時，天津日駐屯軍參謀中井偕平井通譯

官飛抵保定，當令秘書長招待，告以震在醫院養病，經
該參謀力請，因在醫院延見，據談：（一）華北自治組
織，係外務省與軍部一致主張，並非少數人所策動。
（二）自治組織已得韓、宋等之同意，震遲不赴平，並
服從中央命令調動軍隊，平津方面咸疑為有意破壞自治
運動。（三）希望三、四日內病如痊愈速赴平津協商，
或先派代表前往。（四）二十九軍不至反對卅二軍舉
動，日方可以保證等語。果一如該電訊所云，則此次華
北自治運動之內幕昭然若揭，而日本軍人竟不諱言外務
省與軍部對於此事主張一致，除將此電抄送有吉大使，
請其電達日外務省外，仰即往見廣田外相，向其詳述，
詢明真相，請其速為有效之制止，並將辦理情形電部為
要。外交部，養。

四　蔣介石闡明不承認華北獨立
外交部致日本中國大使館電

民國二十四年十一月二十一日

Sinoembassy Tokyo：密。二八四號、二八五號、二八六
號各電均悉。昨日下午五時，蔣委員長接見有吉大使，
向其闡明下列兩點：（一）對於蔣大使與廣田外相所談
之三原則，本人不但贊成，且欲促其實踐。（二）對於
華北類似獨立之自治運動，乃妨礙中國行政之完整，在
國家立場上，無論如何不能承認，惟中央最近將在河北
設置一有力之機關，派有力之人員統率軍民兩政，並處
理河北內中日一切問題及所談三原則之實施，因本人深
信非有一強有力之機關，勢不能促所談兩國間原則之實

踐，特洽日方最近所取態度如何，仍希隨時報部。外交
部，馬（二十一日）。

五　日增兵山海關

程錫庚北平來電

民國二十四年十一月二十二日

南京外交部部、次長鈞鑒：密。（一）號電敬悉。上海
日文報更正事已分別通知宋司令、商主席、秦、程兩市
長知照接洽。（二）山海關日軍情形遵經前往調查，該
臨榆縣城內日軍人數較平時稍多，並新到載重汽車多
輛，但旬日來，日方所調集一混成旅約五千人，大部仍
在山海關以東，錦州以西，附帶有輕重坦克車五十輛，
飛機二十五架，高射砲二十架，載重汽車共四十輛，現
均無西進之準備。（三）土肥原在津仍向宋司令要求宣
布自治，並謂韓、商如不贊同，宋可單獨宣布，經宋嚴
詞拒絕。今蕭主席、秦市長應宋召赴津籌商應付，中央
如商請有吉大使轉請日政府令促土肥原離華，則華北可
告安全。宋司令尤所感盼。多田雖贊同自治之要求，但
行動不如土肥原之積極。（四）關於華北各項交涉，敬
懇隨時密電示知，俾資遵循。錫庚叩，養。

註：號去電，雨宮及須磨晤唐次長，皆以中日兩國間之
　　空氣為主題，未涉及北方問題，滬口之新聞報載各
　　節全屬子虛，由電報科謹註。

六　華北自治延期

參謀本部第二廳情報譯呈

民國二十四年十一月二十三日　下午六時

（一）東京二十一日發聯合，上海日報十一月二十二日載。

關於華北問題　三相集聚最近情報　今日開會決定根本國策

對於南京政府突然改革幣制，激起華北之新事態，帝國政府與外務、陸軍之關係者及駐華官吏間，取完全協調連絡，靜觀事態之推移，刻因川島陸相，已於大演習畢歸京，將於二十二日閣議時，開關係三相會議，鑑於華北為停戰協定地區，乃至接壤地帶之重大性，將決定帝國政府之根本對策。廣田外相首先說明前回閣議，對華北問題，希望關係三省間，保持連絡協調，以期萬無遺憾，今更開關係三省會議，欲決定根本國策，求各閣僚之諒解，現陸相既已歸京，集合最近之情報，開陸、海、外三相會議，決定帝國根本國策及對華北之對策者也。

（二）倫敦二十二日電通電

華北自治延期宣言　英國當局頗覺安堵

英外部方面認為華北自治宣言之所以延期者，乃日本深恐在倫敦海軍會議時，促成英、美之合作故也。遠東情勢雖從最近之緊張而稍歸平靜，但外交當局仍抱沉默態度，不欲發表對於將來之觀測，自治宣言延期之事，英國當局頗覺安堵，官方以為中日紛爭，可以和平

手段，安定中國國情及尊重各國利益而解決

七　蔣委員長兼任行政院長後的日方態度
參謀本部第二廳外訊情報摘呈

民國二十四年十二月二十五日

奉院長諭：「據上海市市長吳鐵城敬午電，據電通社二十三日東京電稱，廣田外相派有吉大使來京交涉，謂我方仍無誠意，關於華北問題，及學生運動，仍取蔑視日本之態度，故日方有轉取積極斷然方策等情一案。應抄送外交部」等因。相應抄同原電，函達查照，此致外交部。

計抄送原電一件。

抄原電

急。南京蔣院長鈞鑒：復密。電通社二十三日東京電稱，廣田外相乘蔣介石就任行政院長改組行政院之機會，二十九日派有吉大使往南京，令開始交涉打開中日關係，惟華方仍無誠意，關於華北問題及學生運動，仍取蔑視日本之態度，故外務當局亦清算從來之方針，勢或不得不出諸強硬態度，即對於取締學生運動，各地總領事雖曾要求，而華方稱係愛國運動，不澈底取締，各報復支持之方法，紙糖等公會之排日運動亦有惡化之勢。有吉大使會見張羣外交部　長後，華方不但對日毫無具體方策，並已暴露華方對中日關係之無誠意，因此當局大失所望，故已決意惟有轉取積極之斷然方策云。等語。謹聞，鐵城叩，敬午印。

參謀本部第二廳情報譯呈

民國二十四年十一月三十日　下午五時

（上海日報十一月二十九日所載）

（一）有吉暫不赴京（記事）

　　有吉大使原擬俟外務省訓令一到，即於一、二日中再赴南京，與蔣委員長會晤，傳達日本方面對於上次會見之意向，並促蔣氏確立與日根本方針，對於華北新事態，再為深切之認識，但因種種事情，暫緩出發，至少本週以內，不得赴南京，即來週何時入京，亦尚未定云。

（二）華北之情勢（時評）

　　華北情勢，刻刻展開矣，商與韓之態度，已表明矣。在自治運動戰線上之騎牆份子，既經沒落，則自治戰線亦得整理，行見自治運動將本格的表現，而宋哲元之蹶起，亦將為確定的事實矣。宋氏既蹶起，則冀察兩省之自治，必急速進展，商、韓之沒落，反足以使確固之自治有出現之可能性。我軍（日人自稱）亦表示積極的擁護自治態度，昨已應鐵路局之請求，出兵阻止貨車之南送矣。因此華北情勢，果重大化，蔣○○或將以張羣、陳儀之上海工作報告為基本，在南京開緊急會議，決定最後之對策，視南京之態度如何，可使事態進展，亦可使事態惡化。不過事已至此，已無減價之餘地，決不能單望由外交措置之解決，南京其慎重從事，決定或左或右之最後的態度也可。

（按日人一方面逼迫宋哲元，一方面使有吉暫緩來京，其用意所在，已不言而喻，但使宋能堅決到底，不為所

動，則日人亦將終無所施其技矣。）

八　天津自治軍請願

程伯昂北平來電

民國二十四年十一月二十六

南京外交部情報司李司長鈞鑒：密。十四號有電敬悉。
津市今晨六時有民眾約五百人，內有穿黃制服持槍者百
餘人，在東馬路集合，佔據宣講所門前，掛民眾自衛團
招牌，並任意散傳單。旋有代表分向市府及津沽保安司
令部請願，要求宣佈自治，交出政權，因無人負責，不
得要領。至十一時程克訪多田，請設法制止，嗣由日憲
兵令群眾散去，迄晚十時始退出宣講所。但並未發生衝
突。現津市戒備嚴密，以防意外。宋、蕭、秦已於下午
五時返平坐鎮，宋並聲稱一切均聽中央命令，在轄境內
如有擾亂治安舉動，不惜以武力解決。昂叩，有子印。
附註：有去電，聞津發生暴動，請將詳情探明電告，
　　　　又北平變化亦望譯報，由電報科謹註。

九　土肥原繼續在華北活動

程伯昂北平來電

民國二十四年十一月二十七日

南京外交部情報司李司長鈞鑒：○密。十五號。宋對綏
靖冀察令甚詫，以中央與日如未諒解，則實感應付困
難。又土肥原仍在平進行自治，有不顧中央有何辦法，
非達目的不止之表示。昨下午到平日兵百六十名，住大
和俱樂部。今晨由平開赴豐臺，九十餘在車站佈置崗

位，檢查來往列車，並阻止平漢、北寧聯運空車皮過軌，刻正覓民房有久住意。蕭昨電話告殷中央命令事，表示不問一切。昂叩，感（二十七）。

外交部致東京中國使館電

民國二十四年十一月二十九日

Sinoembassy Tokyo：丁參事覽，密。本部昨分別照會有吉抗議兩事：（一）關於豐臺事件謂係干涉交通行政，侵害主權，請其迅為有效之制止，並嚴誠以後不得再有此類情事。（二）關於華北事件。首段揭穿所謂自治運動，係少數不良分子受三數日本軍人誘脅之所為，決非華北人民公意，北平教育界宣言反對可為證明，並指明中井參謀催迫河北省當局參加此種運動，及土肥原公然奔走平津策動各事實。次述此種破壞中國統一，危害中國領土主權之行為，將使中日隔閡更深，而危及東亞和平，其結果亦無所利於日本，希望日本政府力持正義，嚴切制止，並令土肥原等即日離境，以重邦交及東亞和平。末段說明中國政府現正以最大之決心，對中日關係之全面謀根本之好轉，對北方局面亦同時作有效之處理，尤望日本政府本互助之精神，解除一切障礙根源，俾得迅速解決云云。除將上述兩照會全文另行抄寄外，特電知照，仰將關於華北事件照會內意旨，密向牧野內大臣，及日本平日主張和平之元老重臣設法疏通，並說明我國仍本和平初旨，謀適當之解決辦理情形。盼電復。外交部，二十九日。

嚴寬北平來電

民國二十五年一月十日

南京部長何：密。1.據報板垣、今野、千田等佳未飛津晤多田商華北事件，預定元日飛平晤宋，對開發華北經濟有所懇談。聞板云欲華北政治安定，必先開發經濟。2.聞土肥原真可來津，將常駐於此間。3.日方在並籌設特務機關，調和知充機關長。4.綏訊聞守信部之駐商都部隊，西侵豐鎮邊境，並在該處發現自治匪軍劉文閣等為偽第九路司令勾結，李部企圖擾亂，現晉、綏軍傅、李等部開駐豐鎮、集寧、興和一帶戒備矣，等語。摘要謹聞，職寬叩，蒸印。

嚴寬北平來電

民國二十五年二月六日

南京三一二八四：密。據報此間對冀東交涉問題，日方所持原則，土氏又加表示：（1）冀察政權必須更進一步，華北關稅全扣留，鹽、統、煙、酒等國稅亦不得南解，郵電、航權、鐵道等國有交通亦須自主，作到形成實質為依歸。自主之後，或有意外困難及經濟入不敷出，日方決予協助與接濟。（2）冀察縣市地方參議會，須選自治運動派為參議員，監督冀察政務進行。（3）一、二等項一一實現後，日方即令冀東撤消，使成冀察行政一元化，非如是只好做做看等云。聞此專責外交者交涉，前途亦不易盡專責也，等語。謹聞，職寬叩，卅酉。

程錫庚北平來電

民國二十五年二月十四日

南京外交部部、次長鈞鑒：密。今與土肥原長談，據
稱：來平目的為研究華北情形，約勾留一個月後，即回
國。關於擔任冀察政委會高等顧問及擢升中將，均無所
聞。以後對華交涉由駐平今井武武折衝。政委會尚在過
渡時期，成績甚優，財政根基，亦甚不弱。日方希望華
北樹立富有東方文明性之政權，能與日、滿合作。殷汝
耕對政委會性質及作用均未了解，故冀東現尚不能取消
歸併。但殷亦不能再行擴充。察北事，係蒙政會與李守
信所為，日方並不負責。晉、魯、綏當局近來晤面等
語。再津駐屯軍永見參謀長近表示華北交涉，由駐屯軍
統一辦理，在平事務，由今井武官代表辦理，其他軍人
均不能參預等語。謹聞，錫庚叩，寒（十四日）。

嚴寬北平來電

民國二十五年二月十五日

南京部長何：密。土肥原寒對外記者談話八點如下：
（1）本人觀察華北時局已有滿意進步，政會地位更穩
固。（2）有人詢該會能否久存，據本人觀察或許可
以。（3）冀察政會與冀東將來可消除誤會，有合作可
能。（4）如聘日顧問，願代介紹。（5）否認滿軍佔
察六縣，並認蒙軍或不再犯綏。（6）否認德王與滿有
關係，內蒙事或不致再嚴重。（7）否認通縣日軍日增
說。（8）本人願為東方人求和平等語。謹聞職寬叩，
刪辰印。

嚴寬北平來電

民國二十五年二月十八日

南京部長何：密。（1）土肥原對華北第二步演進之計劃分為兩期：第一期一月至三月快將完屆，土擬屆時往長春及東京向其首腦請示，然後再行第二期工作。（2）土迭與中外記者表示，他為和平而來，其實彼非如此。土氏擬赴他處視察。此間懇留暫未果定。（3）日將華北駐屯軍擴至八千以上之巨數，其混合編制力量甚大，名為保僑，實則有所作用，如此駐屯之數量及趨勢，亦如其過去對三韓之步驟大同小異，幸我當局有所注鑒也，等語。謹聞，職寬叩，巧未印。

十　日本續迫宋獨立

天津來電

民國二十六年二月十七日

情報司：密。日新內（似脫一閣字）成立後，以田代駐屯軍本對華既定方針，向冀察政委員會交涉中日經濟合作將屆一年，僅惠通公司、天津電業公司實行成立，且惠通現有資本係滿洲航空公司所出，為數甚少，未能照原定計劃發展，電業公司則嫌營業範圍過小，收獲更屬有限，餘如津石鐵路、塘沽築港、龍煙鐵礦諸大端在交涉進行之始，冀察以取消冀東為條件，田代當時有可擬取消冀東之答覆，此事傳出後，日本武士道咸以不特違反塘沽協定，殷汝耕之出處實無法辦理，堅決反對。冀東、冀察無日不在互相攻訐中，致日本財閥藉口華北政治上安定不肯投資。此事雖與冀察商定舉辦，然以冀察

外交不自主，均被中央政府以礦、路、港三事關係軍事
極鉅，不准舉辦，終於停頓。以上種種為田代充駐軍司
令後外交完全失敗，內閣為行其積極對華政策計，現擬
於三月間陸軍調動時，將田代、橋本及池田、飯田、專
田大事更調。聞內定田代後任者為駐仙臺第二師團長岡
村寧次，即訂塘沽協定者，遺缺則擬以板垣參謀長調
充。至田代之出處，聞亦內定。又訊岡村將與板垣對
調，駐屯軍司令官則選他人繼任。慎，十八。

程伯昂北平來電

民國二十六年四月十二日

情報司李司長鈞鑒：密。總一百號，漢報四一號。田代
司令本月東日來平檢閱日駐軍，曾向宋要求先由冀察兩
省組織華北聯省政府，以平等原則與日本實行經濟提
攜，並聲明如能照辦，冀東、察北立即無條件交還，海
關走私決予取締等語。宋當答以待考慮後再為答復。查
此間頻聞日方壓迫宋氏要求組織自治政府，正在醞釀時
期等項消息，經設法向各方刺探，事實與聞說並不完全
相符。緣自陝變解決後，日方認為中央與共黨成立諒
解，又對平市長秦德純前次晉京亦極不滿，蓋宋與中央
合作將影響彼在冀察之既得權利，適觸所忌，故遇機即
一面向宋表示，希望速組華北防共自治政府，一面故意
擴大宣傳，俾期達到目的。

程伯昂北平來電

民國二十六年四月十三日

南京外交部情報司：密。總一〇二號，漢報卅三號。前兒玉在津時，日方教以威脅手段試探宋氏，要求組織華北自治政府。宋堅予拒絕。嗣日方表示急盼華北經濟提攜，按照預定計劃早日實現，宋當予默許，並要求取締冀察境內走私及一切非法組織，日方亦允可，此為近來彼此接洽之經過情形也。陳中孚奉宋派赴日觀光，係以冀察外交代表資格，遇事與日方隨時商洽，在日將有較長時期之勾留云。程伯昂叩，元。

程伯昂北平來電

民國二十六年四月

情報司李司長鈞鑒：總一一九號，密。漢報四九號。日關東軍與駐屯軍有日在津開聯席會議，議決重要事件三項：（一）冀東問題，由關東軍駐屯軍雙方協助防共自治政府，反對此次張自忠等赴日與外交團體交換冀東改組事件。關於池秘書長呈請強化冀東增加實力，由田中、細木負責辦理，實行鴉片公賣，由大滿公司包辦，五月一日起派軍協助驅逐售毒浪人。（二）察北問題，由關駐兩軍派員協助德王，維持訓練匪軍，清查戶口，肅清反滿抗日份子，警告察主席，抄查日、滿、蒙在察界內設立之洋行及運輸公司。（三）華北特務工作取消，各特務處所甄別改組為關東軍駐屯軍特務隊，先成立十隊，地區以晉、冀察、綏、魯、平、津、青八地為限，工作目標以反滿抗日份子及藍衣社、共黨為

最要，由關駐兩軍擬具詳細辦法，呈准雙方司令後實
行，藉以減縮經費。昂叩，儉。

第三章
南京汪政權

第三章　南京汪政權

第一節　近衛聲明與汪精衛艷電

一　近衛聲明

　　東京二十二日同盟社電，近衛首相基於以前廟議之決定，本日與外、陸、海三相協議後，於下午九時半向中外闡明調整日華國交之根本方針，近衛首相聲稱：日政府業於本年再度之聲明宣布決心以武力徹底消滅抗日國民政府，而與華方眼光遠大之人士攜手，努力建設東亞新秩序。現今中國各地更生氣象澎湃而起，建設之機運甚高。因此日政府特欲闡明調整日華關係之根本方針，使中外明瞭帝國之真意。日、滿、華三國將以建設東亞新秩序為共同目的而結合，以期善鄰友好、共同防共、經濟提攜之實現，是則中國應首先祛除向日之偏見，拋棄抗日反滿之愚笨，換言之，日本甚望中國能自動與滿洲國建立完全之國交也。東亞之天地斷不容許共黨勢力之存在，故日本認為以日德義防共協定之精神而締結日華防共協定，實為調整日華國交上所最緊要者。且鑑於中國之現狀為獲到此項防共目的之保障計，在該項協定期間內，要求在特定地點允許日軍駐紮防共及指定內蒙為特殊防共區域。關於日華經濟關係，日本固非欲在中國實行經濟上之獨佔，亦非欲要求中國限制第三國之利益，而僅欲要求日華之提攜與合作，以期收獲實效。換言之，即按照日華平等之原則，要求中國承認帝國臣民在中國內地居住營業之自由，以促進日華兩國國

民之經濟利益。且鑑於日華間之歷史經濟關係，應予日本以便利，俾得在華北及內蒙地域開發利用資源。

上述大綱即係日本之所求於中國者。苟能明瞭日本之所以調動大軍之真意，則知日本之所求於中國者既非區區之領土，亦非軍費之賠償，日本實欲要求中國以建設新秩序之分擔者之資格，而於實行其職務時所必需之最少限度之保證耳。日本非但尊重中國之主權，抑且不吝進而考慮交還租界，廢除中國完全其獨立所必需之治外法權。

二 汪精衛艷電

近衛文麿與汪精衛之間，經由影佐機關，在上海訂有秘密協議。依據此項協議汪精衛由重慶潛走河內，近衛即發表聲明，汪亦即於十二月二十九日發出通電響應之。所謂艷電全文如左：

今年四月，臨時全國代表大會宣言，說明此次抗戰之原因曰：「自塘沽協定以來，吾人所以忍辱負重以與日本周旋，無非欲停止軍事行動，採用和平方法，先謀北方各省之保全，再進而謀東北四省問題之合理解決，在政治上以保持主權及行政之完整為最低限度，在經濟上以互惠平等為合作原則。」自去歲七月蘆溝橋事變突發，中國認為此種希望不能實現，始迫而出於抗戰，頃讀日本政府本月二十二日關於調整中日邦交根本方針之闡明，第一點為善鄰友好，並鄭重聲明日本對於中國無領土之要求，無賠償軍費之要求，日本不但尊重中國之主權，且將仿明治維新前例，以允許內地居住營業之自

由為條件，交還租界，廢除治外法權，俾中國能完全其
獨立。日本政府，既有此鄭重聲明，則吾人依於和平方
法，不但北方各省可以保全，即抗戰以來，淪陷各地，
亦可收復，而主權及行政之獨立完整，亦得以保持。如
此，則吾人遵照宣言謀東北四省問題之合理解決，實為
應有之決心與步驟。第二點，為共同防共，前此數年，
日本政府屢曾提議，吾人顧慮，以此之故干涉及於吾國
之軍事及內政。今日本政府，既已闡明當以日德義防共
協定之精神，締結中日防共協定，則此種顧慮，可以消
除。防共目的，在防止共產國際之擾亂的陰謀，對蘇邦
交，不生影響，中國共產黨人，既聲明願為三民主義之
實現而奮鬥，則應即徹底拋棄其組織及宣傳，並取消其
邊區政府及軍隊之特殊組織，完全遵守中華民國之法律
制度，三民主義為中華民國立國之最高原則，一切違背
此最高原則之組織與宣傳，吾人必自動的、積極的加以
制裁，以盡其維護中華民國之責任。第三點，為經濟提
攜，此亦數年以來日本政府屢曾提議者，吾人以政治糾
紛尚未解決，則經濟提攜無從說起，今者，口本政府既
已鄭重闡明尊重中國之主權及行政之獨立完整，並闡明
非欲在中國實行經濟上之獨佔，亦非欲要求中國限制第
三國之利益，惟欲按照中日平等之原則，以謀經濟提攜
之實現，則對此主張，應在原則上予以贊同，並應本此
原則，以商訂各種具體方案。以上三點，兆銘經熟慮之
後，以為國民政府應即以此為根據，與日本政府交換誠
意，以期恢復和平，日本政府十一月三日之聲明，已改
變一月十六日聲明之態度，如國民政府根據以上三點為

和平之談判，則交涉之途徑已開，中國抗戰之目的在求國家之生存獨立，抗戰年餘，創鉅痛深，倘猶能以合於正義之和平而結束戰事，則國家之生存獨立可保，即抗戰之目的已達。以上三點，為和平之原則，至其條理不可不悉心商榷，求其適當，其尤要者，日本軍隊全部由中國撤去，必須普遍而迅速，所謂在防共協定期間內，在特定地點允許駐兵，至多以內蒙附近之地點為限，此為中國主權及行政之獨立完整所關，必須如此，中國始能努力於戰後之休養，努力於現代國家之建設。中日兩國壤地相接，善鄰友好有其自然與必要，歷年以來，所以背道而馳，不可不深求其故，而各自明瞭其責任，今後中國固應以善鄰友好為教育方針，日本尤應令其國民放棄其侵華侮華之傳統思想，而在教育上確立親華之方針，以奠定兩國永久和平之基礎，此為吾人對於東亞幸福應有之努力，同時，吾人對於太平洋之安寧秩序及世界之和平保障，亦必須與關係各國一致努力，以維持增進其友誼及共同利益也，謹此提議，伏祈采納。汪兆銘，艷。（二十九日）。（錄自民國二十八年一月二日二版重慶中央日報）

三　蔣委員長發表嚴正聲明

（蔣委員長出席中央黨部總理紀念週講詞）

民國二十七年十二月二十六日

我們抗戰已進入一個新的階段，我最近屢次指出，過去十八個月可名為第一期的抗戰，就是抗戰的前期，從今以後乃是第二期的抗戰，亦就是抗戰的後期，我們

現在無論南北各戰場上前方士氣和戰鬥精神的旺盛，實為自開戰以來所未曾有的好氣象。一般官兵都明瞭這一次中日戰事，在敵人是要整個的滅亡中國，在我們是要從根本上救起中國，所以意志都異常強固，精神更是十分積極，而一般國民，也都能認識敵人非貫徹他侵略毒謀不止，非滅亡了中國不罷手，我們非從死中求生，就無倖存之心理。所以環境儘管苦痛，而各地軍民的意志愈趨堅定，祇要前方後方一致認識國家的危機，萬眾一心，向著最後勝利的目標，刻苦努力，犧牲奮鬥，不懈怠，不屈服，深信必能達到抗戰的目的。

在敵人方面，因為看到我們抗戰的堅決和全國意志的團結，他就於軍事行動之外，出以種種威脅計誘的方法，自從十一月三日敵國政府發表宣言，接著他的首相及陸海外務當局陸續發表了許多離奇怪誕的謬論，五光十色矛盾百出，意在內欺其國民，外欺世界友邦，更對中國國民妄想肆其迷惑麻醉恫嚇之毒計，一方面他們的公私輿論，軟硬兼施的在旁吶喊助威，到了最近十二月二十二日，乃有其首相近衛文麿所謂與「更生中國」調整國交的聲明，可算是敵人玩弄玄虛的一個總結局，使我們整個的明瞭他的陰謀的全貌。

近衛的這個聲明本來不外是陳腔濫套，在我們一心抗戰的期間，不但沒有駁斥的必要，簡直也沒有理會的價值。但是綜合敵方這幾個月來的所言所行，略為分析一下，就知道表面是空泛支離，而骨子裡實在是暗藏著機械利刃，我可以說一句，這是敵人整個的吞滅中國，獨霸東亞，進而企圖征服世界的一切妄想陰謀的總自

白，也是敵人整個亡我國家，滅我民族的一切計畫內容的總暴露。原來搬弄字面，巧計詭辯，放出煙幕，貽害世人，本是敵國擅長的慣技，試看他發表了談話之後，接著又有所謂日本政府發言人二十四日的談話，簡直說這就是必須向中國提出的條件，但又自命為溫和派的見解，這是如何狠毒的手段，又是如何滑稽的姿態，我深恐世上或者還有一小部分人，不明瞭他這種煙幕後面所包藏著的禍心，還以為他所提出的並不怎麼樣苛酷，所以特地將敵國日本的用心整個的揭露一下，讓國民知道警戒，也讓世界友邦明瞭日本的野心陰謀，充其極量行將攪亂世界貽禍人類到什麼地步！

我要促起大家注意的，是日閥的兇悍，日閥的狂妄，日閥的自欺欺人，和日閥的愚昧無知，而最急要的是要大家認識日本目前有整個吞噬中國的決心，現在就以近衛十一月二十二日聲明為中心，再追敘他日本這幾個月來輿論所盛倡和實際所進行的各種陰謀和口號，以分析的方法，提供一種綜合的認識。為說明的方便，首先要請大家注意下面的四點：

（一）建立東亞新秩序，這是日本人最自命得意的口號和作法，照他的外相有田十二月十九日的解釋，「東亞新秩序云者，即在『日滿支三國』政治、經濟、文化各方面之密切連絡與互助，以阻止赤禍，擁護東洋文明，撤除經濟壁壘，而使中國脫離半殖民地以期東亞之定安」。而近衛在十四日之談話亦謂：「中國事件之最終目的，不僅在軍事勝利，乃在於中國之新生與東亞新秩序之確立，此項新秩序係以中國新生後日滿支三方

面合作為基礎」。大家要注意他所謂新生中國，是要消滅獨立的中國，另外產生一個奴隸的中國世世受其支配，而此新秩序，則是根據於中國已變為奴隸國家後與日本及其造成之「滿洲偽國」緊密聯絡而成的，目的在什麼呢？以防止赤禍的名義，控制中國的軍事，以擁護東洋文明的名義，消滅中國的民族文化，以撤除經濟壁壘名義，排斥歐美勢力獨霸太平洋，再以日滿支經濟單元，或經濟集團的工具，扼制中國經濟的命脈。大家試想建設東亞新秩序這七個字之下，包藏著怎樣的禍心。簡單一句話，這是推翻東亞的國際秩序，造成奴隸的中國以遂其獨霸太平洋，宰割世界的企圖的總名稱！

（二）所謂「東亞協同體」與「日滿支不可分」及「日滿支互助連環的關係造成東亞協同體」；又是敵國朝野在過去數月中所多方鼓吹的一個口號，他這個口號是比以前什麼「經濟單元」、「經濟集團」云云，更廣義、更普泛，也更進一步了。他是要以他們的「日滿支不可分」論為理由，而主張在政治、經濟、文化各方面，整個的將中國及東北吞噬併合為一個單一體，他們的雜誌並且公言東亞協同體下的日滿支，應該是立體關係，而不是平面關係。又說應該是家長制，日本為家長而「滿支」為子弟。換一句話說，前者為治者為主，而後者為被治者為奴，大家想想這不是吞併是什麼？這不是整個消滅中國是什麼？而且近衛在上一月還散發一種荒謬的傳單，中間一句極驚心怵目的話，就是「樹立日滿支政治、經濟、文化互助連環的關係」。這連環關係是什麼？大家不是看到枷鐐上的鎖鍊嗎？這一個連環關

係，就是要像鎖鍊般牽曳著我們整個民族，降到十八層地獄之中，而永遠不能自脫。

（三）所謂「經濟單元」和「經濟集團」，這是日本倡導多年了，最近此論依然盛行，而且也猛力進行，這是東亞協同體中間的主要環節，他們隨時改變著口號，有時稱經濟提攜，有時稱經濟合作，而其政府十一月三日宣言則稱為「經濟連繫」，十一月底的敵國報紙載著「日滿支將成立經濟單位，今後將禍福與共」，接著十二月十九日有田談話中有這樣一句話：「日本決定開經濟會議以謀日滿支經濟密切的結合，而強化『經濟單元』。此類經濟關係，世人稱為『經濟集團』。」在事實上，他作為經濟吞併工具的「華北開發」和「華中振興」兩公司，早已成立了，日滿支經濟懇談會開了不止一次了，他的所謂企劃院，也於近衛發表聲明之第二天，作成「日滿支生產力量擴充計畫案」了；他這個所謂經濟集團，不僅是要操縱我中國關稅金融，壟斷我全國生產和貿易，獨擅東亞的霸權，他逐漸推演下去，勢必至於限制我們中國個個人民的食衣住行，都得不到一些自由，生殺予奪，唯其所欲，整個的使中國民族做奴隸做牛馬，在鞭笞吮吸之下，整個消滅我們民族的生存！

（四）成立所謂「興亞院」，這是承接著敵國鬧了許久的對華機關而產生的，過去曾經一度計劃設立「對支院」，最近乃改為興亞院，對支院已經是夠侮辱夠可怕的一個名稱了，改稱了興亞院，簡直是給全亞洲人以一個重大的侮辱。他這種做法，是要使整個中國支離

滅裂，不止亡中國，也要危及整個的亞洲。這興亞院是本月十五日正式成立的，先一日近衛發表談話說是「要籌組新的行政機關以建設東亞新秩序，這個機關依國外各機關與中國保持聯帶關係，將成為執行對華政策之樞紐，以實現日本與中國事件之最後目的」。大家對於這個機關是什麼？應該有明白的認識了罷？！這是執行一切滅亡中國計劃的總機關，也可以說是集日本從前在中國到處製造罪惡的種種特務機關之大成的一個總特務機關，不過從前是他們認為時機未至，只是偷偷摸摸的幹，現在索性揭破面幕，悍然不顧的全盤託出來，正式的成立起來了。由於興亞院的設立，大家更應該明白日本當我們中國作什麼看待？他所要的是什麼？他的所謂中日事件最後目的是什麼？我們說長期抗戰，他們就說「長期建設」，他所要建設的是什麼？明白說了吧，就是他長期執行滅亡中國的計劃，不達目的，永不停止，現在他的辦法也有了，機關也有了，這也可算是圖窮匕見，絲毫無隱了吧！

明白了上述幾個概念以後，再來看近衛十二月二十二日的聲明裡有些什麼內容，就可以得真確的認識，不致為字面上的煙霧所蒙住，我現在再列舉其可注意之點：

第一、他這一篇聲明的骨幹，依然是所謂「日滿支」協同一致努力於「建設東亞新秩序」的一套，他就是向中外宣明他的政府之真義，目的當然要訴諸歐美與世界，所以他在辭令上安排得特別謹慎，似乎說他所要求於中國的，既非領土，也不要戰費賠償，並不為他一

國之私，而是為著東亞大局，並且還說是要中國成為完
全獨立之國家，所以更表示考慮取消治外法權與歸還租
界等等，似乎他不但是對中國無所取，而且還要對中國
有所與，他這種打算，好像世人都沒有明瞭他的所謂
「東亞新秩序」的真諦，以為隨便可受其迷惑，其實他
所謂「日滿支」協同一致，所謂「東亞新秩序」，野心
昭然，已如我上面所說明，他扼住了這個滅亡中國獨霸
東亞的主軸，在他的心目中，所謂領土當然是他所支配
的領土，資源也就是他囊中的資源，既然席捲以去，還
要求什麼支節的割地和賠款，他所要求的，既在整個土
地和人民，大欲在前，自然樂得以此不要領土不要賠償
的狡言欺世了。實際在我們中國的立場說，要談戰費賠
償等等，當然先要弄清楚戰爭的責任所歸，這次明明是
他發動兵力來到我們的領土內作戰，侵略責任，灼然在
人耳目，他這種說法，當然不值一顧。至於治外法權如
果讓他掌握了中國整個的主權，那更是皮毛上之皮毛，
所謂歸還租界，也等於外府之寄，不但對其他國家的租
界，他的輿論已經鼓吹代為管理，要收中國的租界成為
日本獨有的租界，而且實際說來，中國若承認了他的
「東亞新秩序」和「日滿支」協同關係，就是將中國全
部領土變成日本所有的大租界，這樣一來，中國若不是
變為他的奴屬國也就降為保護國，而且實際上就是合併
於日本，他說要使中國為完全獨立國家，豈非就等於馬
關條約中的朝鮮麼？我可以斷言，在這篇聲明發表以
前，世上或者有人希冀日本能悔過，自他這個聲明發表
後，就再沒有一個明大義識時勢的中國人，再存和平妥

協之想了！

　　第二、他的聲明中主要之點，除了日滿支協力以外，便是經濟提攜和共同防共。經濟提攜的內容，在我上面講明經濟集團已充分說明，不必複述，所謂共同防共，是要中國和他締結防共協定，是要在華北駐兵並劃內蒙為防共特區，姑無論他所謂共同防共的涵義如何，而在我們全國一致實行三民主義的中國，若再談共同防共完全是無的放矢，我們可以說他不過是要以共同防共的名義首先控制我國的軍事，進而控制我國政治文化以至於外交。這一點便是七七抗戰以前，他歷年要求不遂而懷恨的一個主因。我們因為不願上他的圈套，寧使忍受著千辛萬苦，到了最後關頭，寧可以舉國犧牲來抗戰，如果這個共同防共的要求，可以應允，還待今日嗎？世上一般輿論，或者以為日本所謂防共其真意在防蘇俄。實際日本所謂締結協定共同防共者，目的本不在防共，也不在於防俄，而實在於借此名義以亡華，即使有對俄的意味在內，也祇佔一小部的成分，而其大部成分則在於滅華。不然他如果為了國防或真是對俄關係，那末今年七、八月間當張鼓峰軍事衝突時，何以他的駐蘇大使重光葵向蘇俄外長如此卑視卻步而最後終於屈服，就可見他今日對我國提出所謂共同防共云云，祇不過外欺世論，內欺國民，而要向中國要求得華北內蒙駐兵的一個幌子罷了。老實說，如果華北駐兵可以允許，內蒙可以劃為特區，我們也不會有七七的抗戰，如果中國因害怕日本而允其兵力支配華北，那麼在民國十七年田中出兵濟南時，我們國民革命軍也不會不顧一切的繼

續向前挺進到北平，早可以被他阻止下來，內蒙華北亦
早就可以拱手讓他宰制了。唯其中國在革命期中，而革
命勢力一經發動，三民主義一經發展，無論如何是必然
會要排除萬難以奔赴於目的地，決非任何力量所能阻擋
的。所以他提此要求，實在對現代中國認識太不充分，
他既不知己，更不知彼，更不明現在時代是什麼時代？
現在中國是怎麼樣的中國？同時他聲明書中公言非駐兵
華北內蒙不足以實現「東亞新秩序」之建立，那麼所謂
「東亞新秩序」是什麼，世界友邦和我國人士不更可以
瞭然了嗎？

　　第三、聲明書中後段要求在華北內蒙與以特別開發
的便利，這是他借共同防共名義而壟斷中國經濟並且要
扼制我經濟心臟的企圖的自白。此外他更提出中國應給
與日本臣民以內地住居營業之自由權，這一點，看去似
乎是很平凡，可惜他沒有知這中國人對日本過去在華所
造的罪惡，是留有怎麼樣一個深刻的普遍的印象。老實
說：中國的老百姓，一提到日本，就會聯想到他的特務
機關和為非作惡的浪人，就會聯想到販鴉片，賣嗎啡製
造白面銷售海洛英，包賭包娼，私販軍械接濟土匪，豢
養流氓，製造漢奸，一切擾我秩序，敗我民德，毒化匪
化的陰謀。所以開放內地的居住和營業自由，在中國將
來法權完全獨立以後，對其他國家不是不可以討論的，
而對於日本，除非我們願意受其毒害和擾亂，除非我國
願意放棄維持治安的權利，除非我們願意將我們的善良
風紀被其敗壞，將我們的經濟膏血受其吮吸，就沒有人
會應允的。日本人應該不會健忘，所謂內地住居營業自

由，不就是和當年所謂東北商租權有同樣的性質嗎？當民國十八年的時候，他現在的外務大臣有田以東亞局長的資格，奉他內閣總理田中之命來南京交涉，當時我們就力加拒絕，不肯答應這個商租權的要求，寧使讓他拿軍事來佔領我們東北，而決不肯與他訂立這種禍國喪權的不平等的條約，為什麼？就為的日本給我們的印象太可怕了，居住所到之地，警察權、經濟權都要隨之喪失，日本人如果有居住營業自由，同地的中國人就要沒有自由，甚至不能立足。但是當時的商租權問題猶不過是東北一隅局部的事情，我們尚且不能應允，現在他更擴而大之，及於我們的全領土，而且在所謂「東亞新秩序」的口號之下，試問我國民尚能有考慮之餘地嗎？

其四、除了上面的幾個具體要項已經依次說明而外，更要促請大家注意近衛聲明中兩句極狠毒的話，這就是（一）「完成兩民族的融和」，依我們的理想，民族與民族間平等親睦，達到和諧的共存，這當然是正軌，可是日本所要求的是融和，這與他的所謂「日滿支不可分」、「日滿支緊密連繫」、「樹立互助連環關係」等話相對照，就可知道他所求的是什麼？再證以「東亞協同體」是「立體關係」的話，則其所謂「融和」，明明是要我中國民族「消融」或「鎔化」於日本民族之內，而與之「合併為一體」，這不就是要永遠消滅我民族的獨立存在嗎？（二）「完全無缺之提攜合作」，他所要求的提攜和合作，是怎麼一個意義，聽了我上面的解釋，已可以明瞭，但他還要求「完全無缺的合作」，就是說不完全的合作是不行的，什麼才是完全

無缺呢？譬之吞噬，要連皮帶骨的整個吞嚥下去，纔快
其所欲，亦就是要中國人完全處於奴隸地位，奉獻一切
所有，乃至於人身勞力，一輩子供其役使罷了。

　　這上面就是他聲明內主要各點。其毒辣如此，而近
衛則總結以一句「此等要求，實為日本對中國最低限度
之要求」，這樣還說是最低限度的要求，試問超過這最
低要求以上的，更還有什麼？這和以前廣田的三原則
相對比，不知要廣泛毒辣到多少倍，敵人還妄想勸誘中
國接受，試問在開戰以前，我們尚且不能接受廣田三原
則，到今天還能妄想中國接受此等亡國條件嗎？扼住了
人家的命脈，要得鄰邦整個國家民族的生命而甘心，敵
人的毒計陰謀，都由這一紙聲明中整個顯露出來了，而
且還不止如此，敵人從前一向百計遮掩的所謂「明治遺
策」，和「田中奏摺」的內容，都給證明了。田中說：
「如欲征服世界，必先征服支那！」近衛十二月一日在
他們樞密院報告，說是「以中國建設工作情形為根據，
確定事件結束之時限」。所謂中國建設工作情形，就是
滅亡吞噬到了什麼階段的意義，我們的國民，這就可以
完全明白了，中國不滅，日本的侵略工作是不停止的。
世界各友邦這也就可以明白了罷！日本的政策，現在已
經是由他的大陸政策，擴充到海洋政策，由他的北進政
策，推進到南進政策，簡言之，日本現在的侵略政策，
是大陸與海洋同時並進雙管齊下了，在吞併中國的企圖
中，同時更要推翻國際秩序，獨霸東亞，驅逐了歐美的
勢力，這一步站定以後，將要更進行什麼，已不啻肺肝
如揭！總之，日本是已經將幾十年來秘而不宣的一套野

心狂想和計畫整個的擺出來了。我們從前提一點警覺日本野心的話，大家或者還認為聳聽的危言，以為日本不致於如此，從今以後，敢言自中國以至於世界，對日本的野心，沒有人不洞若觀火了。

綜觀近衛的這個聲明，我們可以斷言，日本真正之所欲，乃在整個吞併我國家，與根本消滅我民族，而決不在所謂中日合作或經濟提攜等等的形式，至於割地賠款，在這個大欲之前，當然更非侵略者之所重。拆穿來說：他們的所謂經濟集團，就是要將中國整個的財力資源受日本統制以代替其所謂不要賠款；他們要求內蒙華北駐兵，要求全中國土地內自由居住和營業，就是要使中國全部土地受其統制與支配，中國全部人民任其壓迫和奴使，以代替其所謂不要割地。我們記得朝鮮未被吞併以前，日本人也常以日韓一體、日韓不可分等等語調麻醉眩惑朝鮮的人民，今日他又盛倡「日滿支不可分」的「東亞協同體」，我們給他明白揭穿了罷：什麼是「東亞協同體」，乾脆就是「中日合併」，就是把整個中國歸併於日本，就是「日本大陸帝國」之完成，而他還有一套「建立東亞新秩序」的理論作為掩蔽陰謀的煙幕，以為世人皆愚，唯他獨智，想以一手掩盡天下耳目，這真是日本帝國主義者亡人國家，滅人民族的新發明新方法！現在他滅亡中國之計畫與工具已經一切齊備，其侵略併吞之手段與心事，已畢露無遺，所缺者祇待中國受其欺蒙，受其威脅，而向之屈服上其圈套罷了。事勢已經明白顯露到這個地步，如果我們還要想在虎頷之下，苟求餘生，想以和平妥協的方法，求得獨立

平等的生存，那就無異於癡人說夢，精神一經屈服，就將萬劫沈淪，鎖鍊一經套上，百世不能解脫。我還可以說一句：「日本的陰謀妄想，雖然到今天纔完全暴露，但敵閥的這種毒計和深心，卻是衣鉢相傳，不是一朝一夕，日本這十幾年來，重臣宿望，相繼凋謝，就沒一個明白存亡至理的政治家。坐聽一般軍人，壞法亂紀，支配一切，危機愈增加，野心愈狂妄，他早就安排好了整套的羅網，使中國無法自脫。我們全國同胞，幸而在去年七月，奮起抗戰，使他不戰而屈的慢性陰謀，不得而逞，並且一步一步的暴露出他的陰謀，到如今他就不得不盡揭凶惡的肺肝以陳於世界之前。如果我們去年還不起而抗戰，讓他步步蠶食，那麼在世界固然是受其欺蒙，在我們中國更將如慢性痼疾，隱而不發，體力則遂漸消蝕，神經也麻木不仁，不出三年五載，也必淪胥以亡。試看他當時滅亡韓國的手段，還不是一方面以親善提攜，扶持獨立的美名，一方面用脅迫引誘，麻醉分割的毒計，最後收之囊中於不知不覺。現在我們既從一年半的抗戰中，提高國民的敵愾心和警覺性，更由於前方百餘萬將士，後方數百萬民眾的死傷犧牲，堅強奮鬥，始終不屈，使敵人不得不整個暴露他猙獰的面目，這一來，不但中國沒有被吞併滅亡的危險，而且也使世界及早警覺到這一個野心難治的國家，任其猖狂將要危害世界和平到什麼地步。我們固然是犧牲很大，但我們的這一戰，不但救了國家滅亡的危機，也消弭了世界的慘禍與浩劫，我們慘酷的犧牲，實在是有重大的意義，我們始終不撓不屈的精神，已為我國家民族生存，建立了堅

強的保障，同志們必須認清這一點，更進一步盡到我們的責任。

　　我們由於對日本陰謀的總檢討，發現敵人的兇狠，也發現了敵人的狂妄，我們真不明白敵人何以失去理智到這樣地步，世界上豈有七千萬人口的民族而可以消滅一個有五千年歷史四萬萬五千萬人民，一千二百餘萬方公里土地大國？豈有一個有主義的革命政府，而可以輕易受人威脅，以至於放棄其革命救國的使命？敵人欲以共同防共的名義，來控制我們的軍事，以經濟集團的工具，來消滅我們的資源，更以「東亞協同體」的工具，來控制我們的政治文化，以消滅我民族生存，打算是精密極了。敵人一再聲言「日滿支」三國要建立政治、經濟、文化不可分的關係，乃至互助連環關係，換言之，就是要從政治、經濟、文化各方面消滅中國民族性的獨立存在，從政治、經濟、文化各方面來支配東亞，其設計也算是周到極了。但實在說來，東亞之文化，除了中國文化之外，尚有何種獨立的文化，東亞以中國為重心，如果中國喪失了獨立生存，還有什麼東亞的經濟可言，即以東亞的政治來說，五千年來，也唯有中國親仁善鄰，忠孝仁愛和平信義的政治思想，足為東亞的支柱，到如今則是我們總理的三民主義，才是平等自由獨立共存的原則，也是永久和平的保障；日本又有什麼政治可言？試問他日本今日的政治，是怎麼樣的一種政治？日本不知道自己反省，反以世人為可欺，以滅亡中國為建設東亞與復興東亞之手段，這簡直是背理悖義，倒行逆施！試問沒有中國，何有東亞？又何有日本？日

閥滅亡中國的行動，結果必然促日本於滅亡。在我們
中國，一年半的抗戰，已經奠立了復興基礎，我們不怕艱
難，我們也不患危險，我們只可惜日本這一個國家，經過
當年維新志士，犧牲了多少心血和精神，纔造成了這樣
一個強盛的國家，到如今民眾無力，朝廷無權，政治家
沒有節操和識見，坐令少數少壯軍人倒行逆施，妄用了
國力，動搖了國本，儘往損人利己殘人以逞率獸食人的
路上走去，在這輩軍人的心目中，不但沒有中國，也沒
有世界，不但沒有紀綱法律，也沒有他們的政府，貪殘
暴戾，為所欲為，長此下去，日本這一個國家實在是危
險萬分，不堪設想。我們和日閥雖是勢不兩立的敵人，
但我們和日本民眾，究竟是鄰邦同文的民族，由他的歷
史，想他的前途，豈但覺得可危，實在也替他們可惜。

　　各位同志要知道：敵人現在已經是猖狂冥行，愈走
愈趨於迷途絕路，他們現在已經忘卻自己歷史，忘卻自
己地位，外看不見世界，內看不見自己的危機，對面又
不認識革命時期的中國，他們只有兩種的思想，不是
昧於事實，妄想以殘酷的條件迫我屈服，就是要想以簡
便取巧的捷徑蒙住世界攫取便宜。這真是自己愚昧，而
以世人皆為愚蠢可欺，自己殘暴，而認為世上只有暴力
支配一切。即如近衛這一次聲明內所列舉的幾個條項，
他就是要「建立東亞新秩序」來關閉中國門戶，打破九
國公約。以「東亞協同體」與「經濟集團」來排斥歐美
在遠東的勢力。以「華北駐兵」與「內蒙特區」復活他
向袁世凱要索的「二十一條款」。整個的說起來，他所
謂「建立東亞新秩序」等等的這一套，就是要強迫我們

中國自己來破壞門戶開放、機會均等的原則。要我們中國自己來破壞國聯盟約，九國公約以至於中蘇不侵犯條約等一切國際條約，既要縛我手足，扼我血脈，還要我中國跟著他背信蔑義助成他獨霸東亞以至支配世界的迷夢，試問我們中國立國五千年，一向以信義為立國的基礎，豈能受他威脅而拋棄我們的立場嗎？

我們中國的立國精神就是不侮鰥寡，不畏強暴，尤其是不肯背盟棄信，以破壞人類相與維繫的正義。曾記得民國初年田中義一到上海會見我們總理，那時節正是歐戰發生時期，田中說我們東亞應該擺脫一切與外國既存關係而別造一個新體勢，總理就問這樣豈不要破壞國際條約？田中說：破壞國際條約，打破不平等關係，不是於中國很有利益嗎？總理毅然回絕他道：廢除不平等條約，也要堂堂正正循合法的正當手續來做，如果不合法的破壞條約，這種舉動，雖於我國有利，亦所不為。諸位同志，這就是中國的精神，這就是三民主義的精神，我們憑這個精神來抗戰，我們憑這個精神來抵抗一切霸道強權和暴力，我們更要憑這個精神，來恢復東亞秩序，以貢獻於世界永久的和平。

總之，這一回戰爭，在日本是精神道德整個崩潰沒落的暴力橫行，在我們是毅然擔起世界正義責任的義戰，日本現在的軍閥，正是失了理智，逞其獸性，奔驟馳突，可以衝破一切軌範，摧毀人類的一切文明與福祉，本來世界上負有條約責任的各國，為要打開黑暗，重復光明，都應該有制裁強暴，維持國際條約的責任，但大家都相顧逡巡，中國就只有不惜一切犧牲來擔起了

這個正義絕續、公理存亡關頭的大責任。我們這一次抗
戰，在本國是為完成國民革命之目的，求得中國的獨立
與自由平等，對國際就是要擁護正義，恢復條約尊嚴，
重建和平秩序，我們這一次抗敵戰事，是善與惡，是與
非的戰爭，是公理與強權的戰爭，是守法和毀法者的戰
爭，也是正義和暴力的戰爭，我們古語有云：「德不
孤，必有鄰」，世上公理的力量，終必抬頭，一切善良
的人類，終必為正義而合作，我們只要守定立場，認定
目標，立定決心，愈艱苦，愈堅強，愈持久，愈奮勇，
全國一心，繼續努力，最後勝利，必屬我們，只希望我
們同志和全國軍民格外黽勉，以底於成。

第二節　各方反對汪精衛成立偽組織

一　汪提議和平後各方的反應

駐馬尼剌總領館來電

民國二十八年一月二日

重慶外交部。二六九號，二日。五六六號電敬悉，僑
胞態度一致擁護中央政策，外人方面無何顯明表示。
總領館。

附註：五六六號去電，係關於汪艷日通電事駐在地輿
　　　論及反響如何，即希電復由，電報科謹註。

駐巴達維亞總領館來電

民國二十八年一月二日

重慶外交部。二三二號，一日。四七六號電敬悉，汪公

通電提議和平消息到後全僑憤慨，僉此時妥協條件必
苛，亡國可虞。元旦中華民國成立紀念會決議分電林主
席、蔣委員長，擁護抗戰到底，並電汪公速返渝共扶危
局。本晚巴達維亞美國總領事館茶會，當地主要長官表
示信仰蔣委員長政策成功，並以汪公提議實非其時。總
領館。

附註：四七六號去電，關於汪艷日通電事駐在地輿論
　　　即希電復由，電報科謹註。

錢大使不魯塞爾來電

民國二十八年一月三日

重慶外交部。三四一號，三日。汪氏態度，此間頗為詫
異，以為中國內部搖動，經本館將蔣委員長演詞送登各
報，輿論漸漸了解。東京消息宣稱，其分化政策成功，
益使人注意。泰。

駐雪梨總領館來電

民國二十八年一月四日

重慶外交部，〇號，四日。一日電敬悉，近日和平妥協
之說雖一度引起澳人注意，但經職向各方闡明並宣示委
座訓詞後，一般輿論極欽我國領袖之偉大精神。至僑胞
方面，職自當繼續努力指導。餘文詳。總領館。

附註：一日電係汪宣言當地輿論反響如何由，電報科
　　　謹註。

馮執正加爾各答來電

民國二十八年一月五日

重慶外交部，五一號，五日。印度各報對汪案處置之評論，認為足以增加抗戰力量，及予同情中國者極大之安慰，對蔣委員長宣言一致推崇。馮執正。

二　西南通電討汪

吳鼎昌等貴陽來電

民國二十九年四月二日

重慶外交部王部長（通電銜略）勛鑒：汪逆兆銘背叛黨國，危害民族，亡我黃帝子孫，久已切齒痛恨。近復成立傀儡組織，甘作敵人鷹犬，逆迹更屬昭著，中央業頒明令通緝嚴懲。本省官民因勝利之期愈近，除奸之念更切，睹茲逆行，彌增憤慨，誓秉既定國策，在最高統帥領導下，殲滅暴敵，掃蕩漢奸，以肅紀綱，而伸公意，特電聲討，敬祈鑒察。貴州省政府主席吳鼎昌、委員孫希文、周詒春、葉紀元、張志韓、鄭道儒、何輯五、何玉書、嚴慎予叩，冬印。

龍雲等雲南來電

民國二十九年四月三日

重慶外交部（餘銜略）。三月三十日汪逆精衛潛入南京成立偽組織，盜竊名器，出賣祖國，簽亡國之條約，作頑敵之傀儡，消息傳來，舉國同憤，值茲抗戰三年，已奠勝利基礎，將士瀝血於外，豈容任其誣衊，滇中軍民聞訊，憤慨異常，省府同人誓當代表全滇民眾，隨我最

高領袖之後，禦侮鋤奸，完成抗建，謹此通電，尚希垂
鑒。雲南省政府龍雲、胡瑛、張邦翰、盧漢、繆嘉銘、
龔自知、陸崇仁、丁兆冠、李培天、袁丕佑同叩，冬。

廣西省政府電

民國二十九年四月二日

重慶各院部會（餘銜略）鈞鑒：汪逆兆銘叛黨賣國，罪
大惡極，早為中外人士共鑒共知。敵國近因泥足愈深，
外則國際孤立，資源斷絕，內則人力財力搜刮已窮，而
厭戰反戰空氣充滿全國，為欲挽回頹勢，不得不變更計
劃，利用漢奸偽組織以行其以華制華之陰謀，汪逆利慾
薰心，甘為敵倀，竟敢在寧成立傀儡組織，敵偽此種舉
動本同兒戲，無足輕重，惟是黨國名器不容僭竊，正統
奸偽不容並存，本省各界聞訊之餘，同深義憤，旭初守
土有責，督率全體軍民在我最高領袖蔣總裁領導之下，
秉承一貫國策，抗戰到底，誓當驅逐倭寇，復我山河，
誅戳陵寢，特電申討，伏乞鑒察。廣西省政府主席黃旭
初叩，冬。

陳儀等南平來電

民國二十九年四月一日

重慶外交部（銜略）。查汪逆兆銘自逃出重慶，發表荒
謬艷電以來，陽假和平之名，陰行降敵之實，中央既已
通緝有案，民眾欲得而甘心，乃該逆近更變本加厲，愈
演愈奇，盜竊本黨名義，成立傀儡組織，背叛民族，出
賣國家，供敵人之驅策，為奴隸之乞憐，極人類之奇

羞，實舉國所共棄，特此聲罪致討，誓除巨奸，尚希一致主張，藉伸正氣。陳儀等叩。

湖南省各界討逆鋤奸大會耒陽來電

民國二十九年三月三十日

重慶外交部（餘銜略）公鑒：對倭抗戰瞬將三載，凡屬炎黃之冑，血氣之倫，靡不敵愾同仇，奮鬥到底，乃汪逆精衛心懷鬼蜮，行同禽獸，於最後決勝之際，作通敵賣國之謀，稽首倭寇，稱臣闕虜，今更於倭寇卵翼之下，僭竊偽號，為簽訂賣國契約之傀儡，甘夷邦家於附庸，淪國民為奴隸，其卑劣狂悖亘古所無，亂臣賊子人人可得而誅。我湖南三十萬革命民眾與漢奸國賊不共戴天，誓在總裁領導之下，抗戰到底，驅寇肅奸，蕩滌污穢，謹此電陳，伏祈賜察。湖南省各界討逆鋤奸大會叩，寅卅。

李宗仁老河口來電

民國二十九年四月二日

重慶外交部。汪逆精衛媚敵禍國，罪惡貫盈，早稽顯戮。當其潛離行都響應近衛之始，宗仁與本戰區將士共仇共憤，謹先聲討，比復請命中樞通緝在案。茲該逆缺乏悔禍之心，益逞無恥之慾，必舉民族國家所有，盡以納諸倭寇羅網陷阱之中，私訂密約，欲蓋彌張，雖路人亦知其奸邪。汪逆後以日寇輔助，僭竊偽命，分盜餘贜，倭則亦以兵折勢頹，假爪牙於鷹犬，以是有南京偽中央組織之出現，世界國家必羞與為伍，中國人民亦恥

與共戴，則凡寇逆相互之所施為，但足增吾人抗戰之信念，俾正義之所存。惟涓涓不塞，將成江河，逆行不止，遺臭靡藥。宗仁等誓本初衷，義無反顧，外鋤狂寇，內剪巨奸，擁護領袖，以完成抗建大業，謹布腹心，惟希亮察。李宗仁、李品仙、孫連仲、張自忠、黃琪翔、孫震、王纘緒、郭懺、馮治安、許紹宗、劉和鼎、周岩、陳鼎勳、劉汝明、曹福林、張義純、蕭之楚、廖震、池峯城、張淦、區壽年、莫樹杰、李友蘭暨全體將士同叩。冬俠。

任可澄昆明來電

民國二十九年四月三日

重慶外交部（銜略），汪逆精衛叛黨賣國，忍簽亡國密約，甘作傀儡組織，人得而誅，罪在不赦，仰祈最高領袖大張撻伐，全國同胞一致申討，殲此民族公敵，完成抗建大業，謹此電陳，伏維垂鑒。雲貴監察使任可澄叩，冬。

三　華僑擁護國民政府立場
陳延新加坡來電

民國二十九年四月二日

重慶外交部。四月二日，請轉國民政府中央日報社均鑒：汪逆投機能事，叛國事仇，神人共憤，近復聽命敵首，盜竊名義，喪心病狂，莫此為甚。我海外八百萬華僑堅決擁護國民政府抗戰到底，對汪逆假託一切名義，誓死反對，望我全國同胞一致奮起，滅此朝食。南洋華

僑籌賑總會代理主席陳廷。

黃益堂吉隆坡來電

民國二十九年四月二日

重慶外交部。四月二日，請轉國民政府鈞鑒：汪賊精衛罪惡滔天，甘作虎倀，成立偽府，有血皆憤，誓不甘休，乞聲罪致討，通電友邦，以正視聽，而利抗戰，闔埠同僑願為後盾。森美蘭籌賑會主席黃益堂叩。

駐溫哥華總領館來電

民國二十九年四月四日

重慶外交部，五八號，三日。汪逆偽組織成立，轄區全僑憤激，紛電聲討，誓不承認。除對外宣傳我方政策外，謹先電聞。總領事館。

雪梨全體華僑討汪電

民國二十九年四月六日

重慶外交部轉，二一六號，三日。全國同胞公鑒：汪逆兆銘數典忘祖，不顧廉恥，竟於敵人卵翼之下，袍笏登場，澳洲僑胞誓為我政府後盾，撻伐敵奸，抗戰到底，深盼全國同胞精誠團結，一致誅滅賊敵，中國之自由平等實利賴之。雪梨全體華僑叩。三日。

駐溫哥華領事館來電

民國二十九年四月六日

重慶外交部，五十九號，六日。據溫哥華中華會館等五十團體簽呈到館，懇請電呈林主席、蔣總裁鈞鑒：汪逆偽組織喪權辱國，旅溫全僑誓不承認，一致主張聲請討伐，並竭誠擁護中央抗戰決策，誓為後盾等語，謹電奉聞。領事館。

附註：此電已代轉林主席，未代轉蔣總裁，請情報司用公事送侍從室第二處，電報科謹註。

張珠吉隆坡來電

民國二十九年十二月十四日

重慶外交部。十四日。轉國民政府林主席暨軍事委員會蔣委員長鈞鑒：吳部長佳日涖臨霹靂，僑眾熱烈歡迎，恭聆訓示，民心振奮，踴躍獻金，最近汪逆喪心病狂，奴顏婢膝，與敵訂立賣國條約，同僑憤激，乞加緊殺敵誅奸，早達最後勝利，僑眾誓為後盾。馬來亞霹靂華僑歡迎吳專使大會主席張珠。

附註：此電已代轉林主席，未代轉蔣委員長（請歐洲司用公事送侍從室第二處），電報科謹註。

芝加哥救國後援會來電

民國二十九年十二月二十日

重慶外交部轉呈林主席、蔣委員長，轉全國將士均鑒：汪逆精衛通敵禍國，前經國府明令通緝在案，詎汪逆怙惡不悛，近更僭稱主席，與敵人簽約賣國，尤罪不容

誅,僑等義憤同深,除聲斥敵汪偽約完全無效外,堅決
擁護國府重申緝汪前令,並再申前電懸賞除奸決議,援
助抗戰到底,務達最後勝利,謹電奉聞。美中芝城華僑
救國後援會。

附註:此電已代轉林主席,未代轉蔣委員長,已請美
　　　歐司用公事送侍從室第二處。

巴達維亞華僑慈善委員會等來電

民國二十九年十二月十四日

重慶外交部。請分呈林主席、蔣總裁鈞鑒:汪逆精衛叛
黨禍國,罪大惡極,近又與敵訂立條約,出賣國家民
族,全僑憤激,始終擁護抗建國策,誓為後盾。巴達維
亞直屬支部,華僑慈善委員會、中華商會、福建會館、
華僑公會、廣肇會館暨全體華僑叩。

附註:此電已代轉林主席(未代轉蔣委員長,請歐司
　　　用公事送侍從室第二處),電報科謹註。

第三節　對日組織汪政權的對策

一　通緝汪兆銘

國民政府通緝令

民國二十八年六月八日

汪兆銘違背國策,罔顧大義,於全國一致抗戰之際,潛
離職守,妄主和議,並響應敵方謬論,希冀煽惑人心,
阻撓大計。經中央加以懲戒,猶復不自醒悟,倒行逆
施。似此通敵禍國行為,顯屬違犯懲治漢奸條例第二條
之規定。比來海內外民眾同深憤慨,先後呈請通緝嚴辦

者不下千餘起之多；政府如尚曲予寬容，其何以伸張國法，慰我軍民；應即由全國軍政各機關一體嚴緝務獲，依法懲辦，以肅紀綱，此令。

二　照會各國使節否認汪政權

外交部致駐華各國大使館公使館節略

民國二十八年十月十三日

查國民政府於本年十月十日發來宣言內稱：「……本府前於民國二十六年十二月二十日，頒佈宣言，凡在敵軍侵佔區內發現任何偽政治組織，其一切行為，對內對外，當然無效，現我抗戰，已逾兩年，敵知武力侵略終不得逞，乃多方引誘敗類，製造傀儡，希圖供彼玩弄，淆亂聽聞，合再重行申明，中華民國惟國民政府依法總攬治權，對內公佈法令，對外締結條約，主權完整，不容破壞，倘有漢奸集團，傀儡組織僭竊名義，擅發文告，或竟與任何國家訂立文件，任在何時，概不承認。」

外交部特略述〇國大使、公使館查照

再此項偽組織為虎作倀，實為中國全國人民所共棄，如有任何國家，予以承認，中國政府及人民即不得不視為非友好行為，令併略述查照。

照會各國大使公使代辦

民國二十九年三月三十日

逕啟者：日本自侵略中國以來，不惜使用種種方法，以達其征服與控制亞洲暨太平洋之目的，姦掠屠殺與空中

之濫施轟炸,使平民受生命之殘害與財產之毀滅,難以數計,凡此種種以及其他野蠻行為,更堅中國人民抵抗暴力之意志,以維護人道正義。

中國抗戰將及三年,日本軍閥既已陷於絕境,乃在南京設立偽組織,僭稱「中華民國國民政府」,此項組織純為日本軍閥所製造與控制之傀儡,日本顯欲利用此項組織為工具以侵奪中國之主權,破壞其獨立暨領土與行政之完整,並藉以推翻國際間之法律與秩序,毀滅九國公約,而將第三國在華之一切商務與利益排除淨盡也。

所有構成偽組織之人員,不過為日本之奴隸,其喪盡道德廉恥與愛國天良自不待言。此輩危害祖國助長日軍侵略,中國政府與人民視之為國賊之尤者,應依法予以嚴處。中國政府於此願以極端鄭重之態度,重申屢經發佈之聲明,即任何非法組織,如現在南京成立者,或中國他處所存在之其他偽組織,其任何行為,當然完全無效。中國政府與人民絕對不予承認。中國政府深信世界自尊之國家,必能維護國際間之法律與正義,對中國境內之日本傀儡組織,決不予以法律上或事實上之承認。無論任何行為涉及任何方式之承認,既屬違背國際公法與條約,自應視為對中國民族之最不友誼之行為,而承認者應負因是所發生結果之全責。

中國政府與人民,不問日本在中國境內所採之方法如何,始終堅決抵抗日方之侵略,直至日軍完全驅逐於中國境外,公理戰勝強權而後已。相應照請查照為荷。本部長順向貴大使、公使重表敬意。此致。

中華民國二十九年三月三十日

第四節　日汪密約及日偽條約

一　日汪簽訂密約

民國二十九年十一月五日，日本參謀本部派駐上海之影佐禎昭機關提出所謂「日支新關係調整要綱」，由影佐、犬養、谷萩等與周佛海、梅思平、陶希聖等談判。至十二月三十日，雙方簽字。陶希聖拒絕簽字，並偕同高宗武，潛赴香港，於三十年一月二十二日，將密約送交大公報及其他各報發表。

日支新關係調整要綱
（此件及附件係十二月三日由影佐在六三花園交周佛海、梅思平，十二月三十日在滬簽字，三十一日由犬養健攜回東京，宗武註。）
第一　要領
一、日支兩國政府以附件一所載調整日支新關係之原則為準據，調整兩國之新國交。
二、承認事變中新國交修復以前既成事實之存在，按事態之許可，以前條之原則為準據，逐次調整之。
三、承認在事變繼續中，基於必然之要求而起之特殊事態，隨情勢之推移，乃至事變之解決，以調整日支新關係之原則為準據，逐次調整之。
四、對於前列二項另行研究之。

附件一　調整日支新關係之原則
日支滿三國，在建設東亞新秩序理想之下，相互善鄰而

結合，以東亞和平之樞紐為共同之目標，其基礎之事項，列記如左：

一、以互惠為基調，設定日支滿三國一般的提攜，尤其善鄰友好，共同防共，經濟提攜等原則。

二、華北及蒙疆，在國防上並於經濟上設定日滿支強度之結合地帶，在蒙疆地方，則除前項之外，因防共之關係，特別設定軍事上及政治上之特殊地位。

三、在揚子江下流地域，設定經濟上日支強度結合地帶。

四、在華南沿海特定之島嶼，設定特殊地位。

五、關於右列諸項之具體事項，以附件二所載要項為準據。

附件二　日支新關係調整要項

第一　關於善鄰友好原則之事項

日支滿三國為相互尊重本然之特質，渾然相提攜，以確保東亞之和平，而舉善鄰友好之實起見，應全般的講求互助連環及友好促進之手段。

一、中國承認滿洲帝國，日本及滿洲尊重中國之領土及主權，日支滿三國修復新國交。

二、日支滿三國，撤廢一切政治、外交、教育、宣傳、交易等足以破壞相互好誼之措置及原因，且將來亦禁絕之。

三、日支滿三國，實行以相互提攜為基礎之外交，對於第三國之關係，不採取違反此基調之一切措置。

四、日支滿三國，協力於文化之融合創造及發展。

五、日本派遣所要之顧問於新中央政府，以協力於新

建設，特別在強度結合地帶及其他特定地帶內之重要機關，配置顧問職員。

六、 隨日支滿善鄰關係之具體實現，日本逐漸考慮租界及治外法權等，冀交還新中央政府。

第二　關於共同防衛原則之事項

日支滿三國協同防共，並協力於共通治安安寧之維持。

一、 日支滿三國，各在其領域內，剷除共產份子及其組織，並採協力於防共之情報宣傳等有關事項。

二、 日支滿共同防共之實行，為達到此目的，日本將所要之軍隊，駐屯於華北及蒙疆之要地。

三、 另行締結日支防共軍事同盟。

四、 第二項以外之軍隊，視全部及局部之情勢如何，當儘量從速撤退；但現駐華北及長江下游之軍隊，當繼續駐屯至治安確定時為止。

五、 為共同維持治安起見，承認日本艦船部隊得在長江沿岸之特定地點，及華南特定島嶼駐屯停泊。

六、 日本在大體上對於駐兵地域內所存之鐵道、航空、通訊及主要港灣水路，保留其軍事上要求權及監督權。

七、 中國在日本駐屯區域內之警察隊，及軍隊等武裝團體之配置及軍事設施，斯時以治安及國防上必要之最少程度為限，日本對於中國軍隊警察隊之建設，由顧問及教官之派遣，武器之供給等，協力進行之。

第三　關於經濟提攜原則之事項

日支滿三國為舉援助連環及共同防衛之實，關於產業經濟等，基於長短相補有無相通之旨趣，以共同互惠為主旨。

一、　日支滿三國對於資源之開發，關稅、交易、航空、交通、通訊、氣象、測量等，為實現上述之主旨及以下各項之主旨，締結所要之協定。

二、　華北蒙疆之資源，尤其對於埋藏資源之開發與利用，中國由於共同防衛及經濟結合之見地，應與日本以特別之便利；即在其他之地域，關於特定資源之開發利用，由於經濟結合之見地，亦與以必要之便利。

三、　對於一般之產業，日本予中國方面以必要之援助；關於農業，則援助其改良，設法增加其產量，以安定中國之民生。

四、　關於中國財政經濟政策之確立，日本予以所要之援助。

五、　關於交易，採用妥當之關稅及海關制度等，以振興日支滿間一般的通商，同時對於日支滿間，尤其華北間之物資需給，應使其便利而合理。

六、　關於中國交通、通信、氣象及測量之發達，日本予以所要之援助乃至援助；乃至協力全中國航空之發達，華北之鐵道（包括隴海線），日支間及中國沿海之主要海運，揚子江之水運及華北與揚子江下流之通信，應為日支交通協力之重點。

七、　日支協力建設新上海。

備考

一、 新中央政府賠償事變以來，日本國臣民在華所受
　　權利利益之損失。

二、 新中央政府在日支新國交修復以前，對於日本有
　　關係之重要事項，應與日方密切協議。

日支新關係調整要綱附件

第一　與臨時政府之關係調整要領

一、 本要領所稱之華北，大體上指由長城線（不包括
　　在內）以南之河北省、山西省、山東省及大體上
　　舊黃河以北之河南省而言。

二、 鑒於華北與日滿兩國在國防上經濟上為強度結合
　　地帶之特殊性，根據日支新關係調整之原則，為
　　對日滿之地方處理，設置華北政務委員會（假
　　設，以下同。）

三、 關於華北政務委員會之權限構成等具體事項，應
　　於中央政治會議中協議之，然在中央政府構成
　　前，由汪、王兩氏共同決定之。

四、 華北政務委員會之權限構成，在日支新關係正常
　　化之時，以能具體實現左記諸項為限度，但在此
　　以前，亦應以右限度為目標，逐次整理之。

　　廢止臨時政府之名稱，從新由華北政務委員會，
　　暫時繼承既成事實以圖政務移行之圓滑，不使人
　　心有所不安。

（甲）關於共同防衛，尤其防共及治安之協力。

　　　一、關於隨日本軍駐屯而發生事項之處理。

二、關於日支防共治安協力所要事項之處理。

三、關於其他日支軍事協力之處理。

（乙）關於經濟提攜，尤其埋藏資源之開發利用及日滿華北間物質之需給

一、對於日本關於埋藏資源之開發與利用，而供給特殊便利事項之處理。

二、關於日滿蒙疆及華北間物質需給合理化事項之處理。

三、關於日滿蒙疆及華北間之通貨及滙兌協力之事項之處理。

四、關於航空鐵道通訊及主要海運之日支協力事項之處理。

（丙）關於採用日本人顧問及職員事項之處理。

（丁）聯銀制度及與此相關聯之制度，在有存續必要之期間，中央政府予以所要之助成。

（戊）暫時規律華北政務委員會，與中央政府間之主要事項。

一、華北政務委員會，為支付所要經費而採取確保必要收入之措置，因是之故，關稅、鹽稅及統稅，原則上雖為中央稅，但關稅收入剩餘之一定比例，與鹽稅收入剩餘及統稅，暫時屬於華北政務委員會。又對於上述國稅徵稅機關之監督，由中央政府委權於華北政務委員會。

二、華北政務委員會，在某種程度仍有起債權。

三、官有財產，仍照現狀屬於華北政務委員

會，逐漸調整之。

四、 海關郵政及航空，應置於中央政府管理之
下，然此等現狀之改變，則逐漸行之。

五、 隴海路之管理與運營，屬於華北政務委
員會。

六、 除特任官外，所屬官吏之人事權，屬於華
北政務委員會。

七、 對於第三國之外交交涉，由中央政府行
之，與日滿問題地方的處理而發生之交
涉，由華北政務委員會行之。

第二　與維新政府之關係調整要領

一、 日方尊重維新政府之立場，而防止其動搖；同樣
誘導其融洽，而歸一於中央政府，使其在中央政
府樹立之前，安心繼續處理政務。

二、 中央政府樹立後，務使維新政府諒解而不設置政
務委員會等，然關於主要人物之體面與地位，汪
方應考慮及之。

三、 中央政府成立而維新政府解散之時，中央政府暫
時繼承既成事實，以圖政務移行之圓滑，勿使人
心有所不安。

四、 在揚子江上流地帶，為實現中日經濟之強度結合
起見，日本之特別規定如左：

（子）關於新上海：

一、 關於新上海建設之協力事項。

二、 關於在新上海所措置之隨日本軍隊駐

屯而發生事項之處理。

三、 關於在新上海所措置之航空，主要海
運、揚子江水運及通信之協力事項。

四、 關於其他一般日支協力，而在新上海
所處理之事項。

（丑）為求上述日本方面之要請容易實現起見，
講求設置日支經濟協議機關所要之措置。

第三　與蒙古聯合自治政府之關係調整要領

一、 本要領所稱之蒙疆，大體上係指長城線（包括在
內）以北之地域而言。

二、 鑒於蒙疆在國防上經濟上為日支滿三國強度結合
地帶之特殊性，關於外交（對日滿交涉除外）以
外之行政、立法、司法與軍事及對外蒙交涉，以
既成事實為基礎，承認其有廣泛的自治，而為高
度之防共自治區域。

三、 為設定蒙古聯合自治政府與新中央政府之關係，
在召開中央政治會議以前，於汪精衛或其代表，
與德王或其代表之會見中，以文書約定左記事項：

（子）中央政府承認蒙古聯合自治政府之高度防
共自治之既成事實。

（丑）關於調整兩政權之關係，根據本諒解，在
新中央政府成立後另行協定之。

四、 前項之諒解成立之時，由蒙古聯合自治政府派代
表出席中央政治會議。

五、 在中央政治會議，不議論第三項規定範圍以外之

事件。

第四　廈門

一、　汪方承認廈門為特別行政區域之事實。

第五　華南沿海特定島嶼

華南沿海特定島嶼中，在海南設置中央政府直轄之屬地行政組織（連軍事處理機關），基於日本在該島之特殊地位，使其處理左記要求事項：

一、　關於隨日本軍駐屯而發生之事項。

二、　關於日支軍事治安協力事項。

三、　關於國防上必要的特定資源之開發與利用之事項。

四、　關於航空通訊及海運之事項。

備考

一、　本要領包括將來日支間所應約定之我方要請事項，及中國方面之內政問題應自動措置之事項。

二　日汪簽訂日華基本條約及日滿華共同宣言

日華基本條約

關於日華基本條約及日滿華共同宣言，帝國政府公表（三十日下午一時發表）本十一月三十日在南京日華兩國全權締結兩國間關於基本關係之條約，對附屬議定書及關於附屬議定書，兩國全權委員間了解事項，加以簽署，繼日滿華三國全權，對日滿華共同宣言簽署，以上帝國政府即正式承認以汪精衛為首揆之中華民國國民政府。中華民國國民政府承認滿洲國，滿洲國政府亦承認

中華民國國民政府。其關係文書之內容如次：「日本國、中華民國間關於基本關係之條約」，大日本帝國政府及中華民國國民政府互相尊重其永然之特質，在東亞基於道義，在建設新秩序之共同理想下，以善鄰作緊密之提攜，以冀確立東亞恆久之和平，並希望以此為核心，貢獻於全世界之和平，為此欲訂立規律兩國間之基本原則，締結如次之協定。

第一條　兩國政府為支持兩國間永久善鄰友好之關係，須互相尊重其主權及領土，同時對政治、經濟、文化等各般須講求互助敦睦之手段，兩國政府對政治、外交、教育、宣傳、公益等諸般互相間有破壞兩國間友誼之措置及原因，加以撤廢，而且及於將來，須加以禁絕。

第二條　兩國政府關於文化，融合創造及發展，須作緊密之協力。

第三條　兩國政府對於兩國安寧及福祉有使陷於危險之一切共產主義之破壞工作，須共同加以防衛。兩國政府為達成上項目的，各在其領域內，對共產份子及其組織，須加以剷除，及關於防共之情報及宣傳等須作緊密之協力，日本國為兩國實行共同防共計，在所要期間根據兩國另行協議決定，得在蒙疆及華北一定地域使駐屯所需之軍隊。

第四條　兩國政府對派遣中華民國之日本國軍隊，及據另項所定減至撤退完畢止，對於共同治安維持，作緊密之協力。在共同治安維持必要

期間，日本國軍隊之駐屯地域及其他根據兩國間另定之決定。

第五條　中華民國政府對日本國，因從前之慣例或為確保兩國共同之利益計，在所要期間中根據兩國間另行協議之決定，須承認日本艦船部隊在中華民國領域內特定之地域得使其駐留。

第六條　兩國政府根據以知相補，有無相通之宗旨，而且在平等互惠之原則下，須作緊密之經濟提攜，中華民國政府對華北及蒙疆特定資源，尤其是必要之埋藏資源，須約諾兩國作緊密協力加以開發。又中華民國政府對其他地域國防上必要之特定資源之開發，須提供日本國及日本國國民以必要之便宜。關於上項資源之利用，須考慮中華民國之需要，中華民國政府對日本國及日本國臣民，須積極的擬示充份之便宜。兩國政府須振興一般通商，而使兩國間物資需供便利起見，須講求合理而且必要之措置，兩國政府對揚子江下游地區之通商貿易之增進，及日本國與華北及蒙疆間物資需供之合理化問題，尤須作緊密之協力。日本國政府對中華民國之產業金融、交通、通信之復興發展，根據兩國間之協定，須作必要之援助協力。

第七條　根據本條約，照應日華新關係之發展，日本國政府須撤廢在中華民國之治外法權及交還其租界，中華民國政府在自國領域內，對日

本國臣民，為居住營業須加以開放。

第八條　兩國政府為達成本條約之目的，關於必要之
　　　　具體條項，須更締結條約。

第九條　本條約由署名之日起，即日實施，為其證據加
　　　　盟各由本國得有正當之委任，加以署名蓋章。

昭和十五年十一月三十日即中華民國二十九年十一月
三十日，在南京以日文及漢文各作成本文兩本。（下午
一時半、二時半、三時）

附屬議定書

本日於簽署關於日本國、中華民國間基本關係條約之
際，兩國全權委員間協定如次：

第一條　中華民國政府，在日本國現於中華民國領域
　　　　內繼續遂行戰爭行為之期間中，應了解關於
　　　　因遂行戰爭行為而引起之特殊事態之存在，
　　　　及日本國為達成上述戰爭行為之目的，而採
　　　　取必要之措置，並應此而講求必要之措置，
　　　　前項之特殊事態雖於戰爭行為繼續中，在不
　　　　妨礙達成戰爭行為之目的之範圍內，得應情
　　　　勢之推移，根據條約及附屬文書之主旨，加
　　　　以調整。

第二條　從前為中華民國臨時政府，中華民國維新政
　　　　府等所簽之事項，由中華民國政府繼承，因
　　　　其系暫時維持現狀，關於上述事項中需要調
　　　　整而尚未加調整者，事態許可時經兩國間之
　　　　協議，根據條約及附屬文書之主旨，應迅速

加以調整。

第三條　　兩國間恢復全般的和平，戰爭狀態終了時，
　　　　　日本國軍隊除根據本日署名之關於日本國、
　　　　　中華民國間基本關係之條約，及兩國間之現
　　　　　行約定中所規定之駐屯者外，開始撤退，為
　　　　　期隨治安確立得於二年內撤退完畢，中華民
　　　　　國政府於本期間內應保證治安之確立。

第四條　　中華民國政府對自事變發生以來，在中華民
　　　　　國之日本臣民，由於事變而蒙受之利權、利
　　　　　益之損害，應加以賠償，日本國政府關於因
　　　　　事變而發生之中華民國難民之救濟，應與中
　　　　　華民國政府協力。

第五條　　本議定書應與條約同時實施，兩國全權委員
　　　　　於本議定書簽字作證。

昭和十五年十一月三十日即中華民國二十九年十一月
三十日，於南京以日文及漢文各作本文二份。

附屬議定書了解事項

關於附屬議定書之日華兩國全權委員間了解事項，本日
關於簽署日本國，中華民國間基本關係之條約之際，與
該條約之附屬議定書第一條及第二條之規定相關聯，兩
國全權委員間成立如左諒解：

第一　　關於中華民國之各種徵稅機關，目下由於軍事上
　　　　之必要在特位之狀態者，根據尊重中華民國財
　　　　政獨立之主旨，應速加以調整。

第二　　目下在日本國軍下管理中官辦私辦之工場、礦山

及商店，除具有敵性及基於軍事上之必要等萬
不得已者外，為期以合理的方法迅速移交與中
華民國方面，當講求必要之措置。

第三　關於日華合辦事業之公有資產之評價，出資之比
率及其他需要修正者，根據兩國間另行協議決
定之原則講求是正之措置。

第四　中華民國政府關於對外貿易需要統制時，得自主
實行之，但不得與條約第六條上所述之日華經
濟提攜原則抵觸，又在事變繼續中就此應與日
本國方面協商云。

第五　關於中華民國之交通通信事項，其需要調整者，
遵照兩國間另訂行協議決定之件，在事態許可
之範圍內，應迅速加以調整。

昭和十五年十一月三十日即中華民國二十九年十一月
三十日，於南京以日本文及漢文各作成本文二份。

日滿華共同宣言

大日本帝國政府、滿洲帝國政府及中華民國國民政府三
國相互尊重其本然之特質在於東亞建設，根據道義之新
秩序之共同理想下，以善鄰資格相互緊密提攜，以期形
成東亞之恆久的平和之樞軸，以此為核心而貢獻於世界
全般的平和，在此常望下發表如左宣言：

一、日本國、滿洲國及中華民國相互尊重其領土主權。

二、日本國、滿洲國及中華民國為期舉以互惠為基礎之
三國間之一般提攜，尤其是善鄰友好共同防共，經
濟提攜之實，於各方面講求必要之一切之手段。

三、日本國、滿洲國及中華民國根據本宣言之主旨迅速
　　締結條約。

昭和十五年十一月三十日即康德七年十一月三十日中華
民國二十九年十一月三十日於南京。（下午二時）

三　日方發表聲明

關於日偽條約締結之日方聲明

民國二十九年十一月三十日

帝國政府聲明如次：帝國政府先是對中外宣明，與更生
新支那關係之根本方針，對中國提倡分擔建設東亞新秩
序之任務，邇來時過兩載，其間由我方提倡共鳴之人士
所樹立之新政府，隨皇軍武威之宣揚著者趨於穩定，現
在即見締結規律日、滿、華三國之盟約。按本條約之意
義際茲舉世界為新舊秩序交流之大混亂時期，僅表明為
真正立腳於人類相愛之大道，墨守天分，作有無相通共
存共榮之世界新秩序建設之先驅，東亞民族之欣快無過
於此者。雖然如此，惟締盟之成立，將屬初動，欲收實
效，尚須待於今後，加之中國尚有未覺悟民族共和之大
道，將救國之大事，求之於抗戰之一致，驅國民為擁塞
新秩序建設前途之走狗勢力倘存在。他方因世界混亂結
果，列強之功利策動益為猛烈，因是使抗戰勢力益深陷
於迷夢，東亞新秩序建設之前途尚為多端，須有覺悟。
對處此等各般對策之準備，全賴於我國民之聰明及努
力。向來光榮之後，帶有責務，帝國鑑於責務之益為重
大，將排除萬難，應向東亞新秩序建設之大業邁進云。
（下午三時）

四 汪及阿部等的談話

（一）關於日承認偽府事須磨接見記者之談話

須磨外務省情報部長三十日關於帝國正式承認國民政府事，與記者團作如下之問答：

問： 此條約之成立，在事變處理上劃何種段階？

答： 吾人認為蔣委員長之抗戰為使中國覆滅，因承認汪精衛所組織之政府為中國唯一之政權，此在事變處理上雖非全面的，然其能劃一有力之段階，自不待言，吾人必須與中國建成全面的和平，然此條約之成立，亦絲毫與建成全面的和平無礙。

問： 與不以蔣委員長為對手之近衛聲明之關係如何？

答： 帝國之政策無何變化。

問： 對第三國之影響如何？

答： 日本認為時機成熟時，一如條約上所述，有撤廢治外法權返還租界之決意。吾人目的在祈求中華全體之安寧幸福，然第三國中自有不同情國家存在，關於第三國之承認國民政府事亦復相同。

問： 此次發表之條文外，尚有不發表之部分否？

答： 重慶方面對日汪協定之有無或雖散佈種種謠言，然絕對無此次發表以外之文件。

問： 基本條約之第一條上有破壞兩國間之友誼之措置及原因等字樣，其意味如何？

答： 自含軍事的，經濟的一切之意味。

問： 與既有條約，尤其是四國條約之關係如何？

答： 有中國自身之既存條約，有對中國之第三國國間之既存條約，由簽各種之既存條約之存在，其運命

亦有不同。

問： 所謂治安確立，是否指重慶政權之消滅乎？

答： 治安確立內容雖未想定，然絕滅抗日之空氣自為根本，重慶方面因以抗日為主腦，在現狀下不能兩立。

問： 無併合無賠償原則，與附屬議定書第四條之個人的損害賠償之關係如何？

答： 國家間之戰爭雖附隨有賠償與領土之併合，然此次已樹立此原則，此原則與現在個人受損害時之賠償決不矛盾。

問： 議定書第三條戰爭終了後之認定如何？

答： 此為彼時之事實問題，法律上當解作停戰協定成立之時。

問： 阿部大使之任務，是否以簽字之完畢而告終了乎？

答： ……（句電斷不明）。（下午五時）

（二）汪對記者發表談話

南京三十日電，國民政府行政院長於三十日午後與中外記者團會晤發表談話，大要如次：「此次締結中日國交調整基本條約，中日關係因此獲得紀元一新，已為中日兩大民族開闢一線光明之路。中日兩國為友，乃屬自然，為敵人，即不自然。如國父孫先生所云：中日兩國無論由何方觀之，應提攜協力，過去其所以不能提攜協力者，乃由於雙方皆有過失，致造成三年有餘極可痛心之現象。余念及國難之人民、戰士當時一一就死時，係抱如何之心境，想彼等均不願中日兩國一同受傷，一同

覆亡。彼等必希望中日兩國恢復和平，必希望共存共榮
之日到來。縱使是重慶方面被壓迫之民眾，其心中真正
之呼聲，亦是如此，只是默而不言已耳。即使係主張抗
戰之人們，亦無不希望恢復和平，希望和平之日到來
者。但彼等以為此種日子不致到來，或只認為時機尚
早。然現在中日兩國可以恢復和平，可以共存共榮之
日，業已到來。兩國之國交方針，對共存共榮，共亡共
辱，已趨一致。於是，中日兩國結成軸心，增進兩國福
利，保障東亞和平，乃屬當然之事，倘重慶方面不主張
抗戰，不妨害和平，則此次條約或早已迅速完成。重慶
方面為妨害日本與國民政府之和平……即使和平條約在
交涉中，依然不得不對重慶方面繼續戰爭。茲在戰爭繼
續中，日本所認為不得已之行為，亦不能不繼續存在，
此原為國民政府所認為苦痛者。同時，亦非日本之本
願，而此全係重慶方面應受之罪過。全國同胞，日本已
約定於停戰後二年以內，撤兵完畢，而像歐洲各國中戰
勝國所加諸戰敗國一般之束縛，日本並示以之加於中華
民國，並無所謂賠償後始行撤兵，或因賠償遲延之故，
更行出兵之事。余日前曾對重慶方面作最後之忠告。無
論如何，彼等已無在實際上更拖長戰爭之理由。倘仍使
戰爭延長，使國家原動力與人民生活力，消耗殆盡，則
中國將來會永遠失掉復興之希望。要之，為收拾今日之
時局，必須從大局上將眼光放遠，此次中日條約之簽
署，非為一時之便利，亦非為一時之便宜，只是為了中
日兩國永遠親睦與東亞永遠和平之故。滿洲原為中國領
土之一部，但自「九一八」事變以來至本日止，已逾十

年，此十年間事實之推移，乃與世人所共見，此次於簽署中日條約，同時並發表中、日、「滿」三國共宣言，吾人既往為同胞，現在，將來亦為同胞，必須共同提攜，為保障東亞永久之和平，與人民之幸福而努力。惟大亞細亞主義係國父孫先生所提倡，最近更發展而為東亞聯盟運動，在東亞各民族國家政治獨立、軍事同盟、經濟合作、文化交流等四基本原則之下結成聯盟，以貢獻東亞永久之和平，同時並貢獻世界永久之和平。抱此種共同目標而共同前進，則東亞各民族國家之關係益加親睦，益加互相信賴，望全國同胞同心戮力負擔時代之重大責任，完成此時代之重大使命」云。（下午八時九時）

（三）阿部談此次締約之意義

南京二十日電，阿部全權大使談：「帝國政府依此次條約之締結，承認南京國民政府為中華民國唯一無二之正統政府。此後兩國政府間關係趨於正常化，余信國民政府之基礎，將隨全面和平之進度，益形加強，一面，帝國政府對於分擔東亞新秩序建設責任之中華民國政府之發展，擬不惜予以全幅之援助，中華民國與「滿洲帝國」之關係，依其共同宣言而正式確定，兩國外交關係亦將開始。兩國國民一擲過去之感情，以同文同種而期舉善鄰友好，共同防共，經濟提攜之實。要之，發揚此次條約之內容精神在東亞根據道義以建設新秩序，以中日「滿」三國恆久的和平為核心，使發展至確立大東亞共榮圈，貢獻於世界人類之進展與國民之福祉。此項目

的及理想能否實現，乃在吾人今後努力實踐」云。（下午十時半）

（四）臧式毅談此次締約之意義

南京三十日電，臧式毅談：中日滿共同宣言，對於東亞三國軸心乃係萬全之保障。由滿洲國方面觀之，因此項宣言，有所共感，使新生中華民國政府對我國建國之意義，尊重其獨立，在大統之地位，以謀提攜，自我國建國以來，仍殘留於東亞天地中之暗雲因此一掃，正迎接東亞和平之黎明，三國一致向其所信邁進，達成理想之日，為時匪遙，同時，由維持現狀之迷夢中醒來之諸國，應直視東亞新事態云。（下午十時二十分）

（五）汪招宴阿部、西尾等

南京三十日電：汪精衛於三十日午後七時在國民政府大禮堂招待阿部、臧兩全權以下，日「滿」兩國全權團及西尾總司令官，嶋田中國方面艦隊司令長官以下，陸海將星，舉行慶祝宴會，從事交歡，其意義深長云。（下午十一時半）

五　外交部長的嚴正聲明

聲明全文

民國二十九年十一月三十日

　　日本業與南京傀儡組織簽訂所謂條約，日方此舉，實為企圖在中國及太平洋破壞一切法律與秩序，而繼續其侵略行動進一步之階段。日本始則製成機構以遂其

欲，今則與之訂約，藉以助成其獨霸與侵略之政策，實則此種機構，不過為東京政府之一部移置於中國領土之上，而為日本軍閥實行其政策之工具耳。

中華民國國民政府對於傀儡組織，迭經宣示其態度，茲再鄭重聲明，汪兆銘為中華民國之罪魁，其偽組織全屬非法機關為中外所共知，無論其任何行動，對於中國人民或任何外國完全無效，其所簽之條約亦屬非法，全無拘束。倘有任何國家承認該偽組織者，我政府與人民當認為最不友誼行為，不得不與該國斷絕通常關係。

日本無論在中國或太平洋之企圖如何，中國決心抗戰至最後勝利。中國自信必獲勝利，蓋自由與法律與正義必能戰勝一切也。

日本自侵略中國以來，不惜使用種種方法，以達其征服與控制亞洲暨太平洋之目的，姦掠屠殺與空中之濫施轟炸，使平民受生命之殘害與財產之毀滅，難以數計。凡此種種以及其他野蠻行為，更堅中國人民抵抗暴力之意志，以維護人道正義。

中國抗戰將及三年，日本軍閥既已陷於絕境，乃在南京設立偽組織，僭稱「中華民國國民政府」，此項組織純為日本軍閥所製造與控制之傀儡，日本顯欲利用此項組織為工具，以侵奪中國之主權，破壞其獨立暨領土與行政之完整，並藉以推翻國際間之法律與秩序，毀滅九國公約，而將第三國在華之一切商務與利益排除淨盡也。

所有構成偽組織之人員，不過為日本之奴隸，其喪

盡道德廉恥與愛國天良，自不待言。此輩危害祖國助長
日軍侵略，中國政府與人民視之為國賊之尤者，應依法
予以嚴處。

　　中國政府於此願以極端鄭重之態度，重申屢經發佈
之聲明，即任何非法組織，如現在南京成立者或中國他
處所存在之其他偽組織，其任何行為，當然完全無效，
中國政府與人民絕對不予承認。中國政府深信世界自尊
之國家，必能維護國際間之法律與正義，對中國境內之
日本傀儡組織，決不予以法律上或事實上之承認。無論
任何行為涉及任何方式之承認，既屬違背國際公法與條
約，自應視為對中國民族之最不友誼之行為，而承認者
應負因是所發生結果之全責。

　　中國政府與人民不問日本在中國境內所採之方法如
何，始終堅決抵抗日方之侵略，直至日軍完全驅逐於中
國境外，公理戰勝強而後已。

六　中日共同宣言

汪兆銘與日大使重光簽定之中日共同宣言及兩
國協定完遂戰爭中日共同宣言

　　大日本帝國政府及中華民國國民政府，希望兩國緊
密協力完遂對英、美兩國之共同戰爭，在大東亞建設基
於道義之新秩序，以求對世界公正之新秩序之招來，有
所供獻。茲宣言如左：大日本帝國及中華民國為完遂對
美國及英國之共同戰爭起見，以不動之決意及信念，在
軍事上行完全之協力。

昭和十八年一月九日即中華民國卅二年一月九日在
南京。

大日本帝國特命全權大使　重光葵

中華民國國民政府行政院長　汪精衛

第五節　各國對汪政權成立的態度

一　英美的態度

美國積極援華

民國三十年七月三日

（大公報剪報）

（中央社華盛頓一日合眾電）副國務卿威爾斯宣佈：美
國承認現在重慶之國民政府為唯一合法之中國政府。軸
心承認汪組織一舉，並不足以改變美國之政策云云。美
國方面對此舉似並不重視，認為此事僅可表示日本對軸
心關係仍然友好而已。軸心適於此時承認汪組織，殊堪
注意，可見軸心仍恐日本廢棄其對軸心之約束，故而決
定盡全力於外交上拉攏日本續與軸心合夥。汪組織成立
一年有餘，過去迄未見軸心有承認之意。

（中央社華盛頓二日專電）德、義宣佈正式承認南京偽
組織後，美副國務卿威爾斯在今日招待記者席上，再度
宣稱：美國仍繼續承認並支持合法之中國國民政府。並
稱：一九四〇年三月三十日南京偽組織成立時，赫爾國
務卿所發表之宣言，仍為美國固定不變之政策。該項政
策，在遠東局勢變革中，迄未動搖。

郭大使倫敦來電

民國二十九年三月二十一日

重慶外交部，九九六號，二十一日。頃晤詢賀武下述各點，據告：（一）韋爾斯於賈德幹曾談及遠東問題，韋爾斯認英、美政策採一致措施表示滿意。（二）駐日本英國大使曾告日方，汪政權不能解決中國事件，欲謀解決非以國民政府為對手不可云。英政府對汪決置不理，昨午下議院問答時，外交政務次長重申此旨。（三）關於滇緬鐵路，外交部政務次長所告，似稍嫌樂觀。例如緬甸政府之修築至臘戌路段，滇緬劃界問題及鋼軌之供給等等，頗費周折，雖已月來經各有關部主管司迭次會商，在原則上大致可贊助，現尚待高級當局裁奪。外交部政務次長對此事甚熱心，必盡力促成云。祺復活節後當與外次晤洽。（四）英駐華大使館將添派情報隨員，以冀增加英報界對華之注意。（五）英尚有運動政府派遣經濟團赴華事，外部贊同，尚待財政部裁決。祺。

胡大使華盛頓來電

民國二十九年三月二十九日

重慶外交部。一○九七號，二十九日。據報界密告：美外部負責人對英駐日大使之演說表示不滿，並謂美政府必不變更態度云云。又副國務卿威爾斯已於昨日到美，曾向總統及國務卿報告。總統今日發表談話，原詞另電。適。

郭大使倫敦來電

民國二十九年三月三十日

重慶外交部，一〇〇〇號，三十日。據路透社東京電，南京偽政權已於今晨成立，故頃已將一千二百七十七號電面達英外部，請向日政府有所表示，據云最近駐日本英國大使已有表示（請參閱九百九十六號電），祺謂美政府如有表示，請英方仍採平行動作，並請其勸義大利勿承認偽組織以維九國公約，彼答當考量，並以英方對義無何力量為惜云。又日昨駐日本英國大使演說，有英、日目的相同，在謀永久之和平等語，祺質詢是否含有承認所謂新秩序之意，彼答無之，且是項演說亦祇能代表該大使個人意見，英政府政策無變動云。祺日內當訪英外長。祺。

附註：一二七七號三月二十七日去電，英文宣言。九九六號三月二十一日來電，賀武告威爾斯認英美措施一致表示滿意，英大使告日方汪政權不能解決中國事件，滇緬路等問題必盡力促成，英人使館將添情報隨員，英擬派經濟團赴華，電報科謹註。

大使館倫敦來電

民國二十九年四月三日

重慶外交部，〇三號，三日。英外長及政務次長今午在國會分別對於最近駐日大使在東京之演詞發表聲明，謂該大使並無意暗示英政府之政策有所變更，或該項政策與彼等在國會中所申述者有所出入，因此關於英政府必

258 偽組織的建立與各國態度
The Creation of the Puppet Chinese Governments and the International Response

須繼續承認何者為中國之合法政府，殊屬不成問題。英政府對於遠東問題之一般立場，並無更動。同時，吾人希冀此項糾紛得一公允解決，亦不稍改云。又政務次長於舊例補充問題時，並謂英政府一貫致力於符合九國公約之政策云。祺。

大使館倫敦來電

民國二十九年四月十五日

重慶外交部。一〇一六號，十五日。一二八九號電敬悉，經詢賀武，據答英外長確曾於三、四兩日與重光商談商務問題，但與政治無關。至南京偽組織，則未談及。英政府保證僅承認蔣先生領導之政府，為中國合法政府云云。大使館。

附註：一二八九號去電係重光向英外相談澳洲羊毛等事，希詢阻止由。電報科謹註。

英決加緊援華

民國二十九年七月十一日

（大公報剪報）

英外相在下院聲明　絕不承認南京傀儡

敵軍部機關報高唱對美行動

（中央社倫敦九日路透電）工黨議員諾爾倍克（國際反侵略大會副會長）因軸心國家最近承認「南京政府」，今晚特請外相艾登就英國政府與現在重慶之中國國民政府間之關係加以說明。艾登答稱：諾爾倍克所述之事實，與英政府之遠東政策毫無關聯。英政府之遠東政

策，依據於承認現在重慶之中國國民政府為合法之中國國民政府。中國已於七月七日進入堅強抗戰之第三年，余樂願重申余最近在本院提出之保證，即英國政府當繼續竭力之所能及以援助中國維護其獨立（歡呼）。諾爾倍克稱：盼外相將此意通告中國政府，並說明此種立場，為本院所有各黨所熱烈擁護。艾登當加接受云。

顧大使倫敦來電

民國三十年八月二十三日

重慶外交部，二〇七號，二十三日。（一）二十日泰晤士報長篇社論，題為中國抗戰，略以軸心各國承認汪偽，乃日本分裂中華之迂緩慣計，毫無影響。德、蘇戰事雖沮，蘇繼續援華，但可使蘇聯對華友誼態度完全明朗化。又讚華之壯烈抗戰將與各邦恢復遠東和平同佔重要位置云。（二）英國銀行與正金銀行商議貨品交易，輿論頗為注意，謂不應緩和封存效力，英名流等登報警告謂，商業界仍在設法使油料武器運往日方。又經濟制裁極宜從嚴，俾生效力云。（三）德戰蘇漸佔優勢，目的不僅在取得舊俄京，且圖進襲波羅的海之海軍，有料德交冬軍事停頓，將蹈拿翁覆轍。又軍事家不以此說為然，緣俄於去歲一月間能攻芬蘭，何以德不能於十月間攻烏克蘭，又有謂蘇縱失京城等要衝，仍可擁有烏拉爾山之工業區以抗，不知莫斯科等城多機械工廠，苟不能守，武器將不繼，須恃外援矣。（四）英、蘇正注意伊朗答復驅逐德人之要求，德在伊朗活動為備佔領地步，如英進逼伊朗，德將藉口維持中立區之和平以保土。鈞。

二　汪對英美宣戰

汪兆銘對英美宣戰佈告全文

前年十二月八日大東亞戰爭勃發後，國民政府即基於中日基本關係條約之精神，斷然聲明與日本同甘共苦之旨，其後政府即著手新國民運動，努力治安之肅正，民生之安定，以期增進國力，協助大東亞戰爭之完遂。然而英、美兩國仍踏襲昨年以來之東亞分裂政策，嗾使重慶方面份子，使之參加所謂英美戰線，使之向緬甸印度出兵，企圖使東亞人殺戮東亞人。最近英、美之謀略順次被友邦日本之陸海空軍擊破，其在東亞之侵略之根據地喪失後，益愈逞其狡謀，嫉視國民政府統治地區之和平發展，竟嗾使重慶政權份子不斷擾亂，以阻害各種建設之進行，且使以政權所轄地區為根據地之飛機對我武漢、廣東等地區屢行轟炸，殺戮民眾。重慶政權份子甘受英、美之驅使，自願充當東亞之叛逆者，實極可恥。英、美對東亞熱心勃勃，使盡一切挑撥離間之手段，以圖達成其最後吞併之欲望，因之英、美正係東亞民族之公敵，國民政府宣告今日起與英、美進入戰爭狀態中，而傾舉全力協助友邦日本一掃英、美之暴虐，以圖中國之復興及東亞之解放，與滿、泰兩國之國交今後將愈益友好。關於東亞共榮事項，今後更當同心同德圖提攜之強化，向以平等道義為基礎之東亞新秩序建設途上邁進。德、義等諸友邦數年來在西方與英、美對抗，屢收偉績，我國今日參加大東亞戰爭與友邦呼應，以冀貢獻於世界公正之新秩序。今朝今日為吾國民實現國父大亞細亞主義之唯一良機，中華民國之復興，大東共榮圈之

實現，以及全世界正義和平之獲得，均賴此一戰，望吾
國民一心一德，終始戮力於此偉大時代，貫澈偉大使
命。此佈。

國民政府主席　汪兆銘

三　歐美其他各國不承認汪政權

（一）法國

顧大使巴黎電

民國二十九年四月二日

重慶外交部。一三五七號，一日。一二〇一至四號電奉
悉，頃訪法總理兼外長談：（一）告以南京新偽組織全
屬日軍閥傀儡，為我舉國人民所反對，不能變更遠東情
勢，我仍努力抗戰，諒法政府對華政策亦無變更，彼答
毫無變更，對我政府一如既往之同情，無意承認偽組
織。（二）促其注意美政府三十日聲明，商請為同樣聲
明，不但（似脫漏一為字）我國所願見，亦必為美所歡
迎，更可表示民主國家反對侵略精神團結，彼頗動容，
謂極願研究，問英態度如何，告以我小已向其提商，且
英首相在下院屢有聲明對我態度。（三）勸義取消承
認。意彼以法義邦交現狀似感困難，鈞謂駐義大利法使
現回法，可由彼面囑該大使回義後，相機勸告，彼允考
慮。（四）對瓊州企圖事，此間法報有謂德擬暗用該島
為潛水艇根據地，以圖破壞協商國封鎖政策，經促其注
意。並告以德、義、日三國在華經濟合作之可能及至歐
戰影響，彼甚注意，謂德國目前最切問題為材料接濟。
（五）俄輪薛倫加，英方並非釋放，據倫敦廣播，僅由

英移交法國封鎖當局核辦，鈞以我售蘇鎢砂根據易貨協
定，關係我國抗戰前途，商請釋放，並告以此項貨品不
至由蘇轉運德國，彼答該船與其他一俄輪甫由英方交
法，現正討論辦法，尚未決定，法所慮者恐其接濟德方
云。（六）詢以法對俄政策，彼答此次要求蘇聯撤使，
僅係對人問題，法俄邦交目前不致另生變化。鈞。

附註：一二〇一號去電，關於敵擬以重兵進犯瓊島
　　　事。一二〇二號去電，偽組織已於今晨（三十）
　　　成立照會希即遞送由。一二〇三號去電，關於
　　　法扣我運蘇鎢砂，仰迅洽放由。一二〇四號去
　　　電——赫爾聲明極合時，希促英、法為同樣聲
　　　明由。電報科謹註。

法政府聲明對華態度不變

民國三十年七月五日

（中央社維琪三日哈瓦斯電）法政府發言人本日招待外
國記者時，曾有某記者以中、法兩國關係為問，當即答
稱，法國對於現在重慶之中華民國國民政府所抱態度，
並不變更云。

（二）蘇聯
中國大使館莫斯科來電

民國二十九年十二月二日

重慶外交部，一九四五號，一日。蘇各報本日載，倭承
認汪逆並簽訂條約及汪滿相互承認消息，甚簡略，未述
條約內容，似應表示不足重視，對汪逆之政府字樣，則

均加引號以辨真偽。大使館。

莫斯科大使館來電

民國二十九年十二月五日

重慶外交部，一九五二號，六日。本日各報公佈，蘇駐日大使答訪日外次，通告蘇聯政策對中國關係決不變更，其詳情想塔斯社必有報告，此為蘇聯對日汪締約之正式表示，且寓有不停止援助我國之意義。又紅星報今日論國際最近事件，文中對日汪締約分析甚詳。大使館。

（三）荷蘭
金公使海牙來電

民國二十九年三月三十日

重慶外交部。二九一號，三十日。南京偽組織事，日前泗晤和蘭外長，伊對此頗為關心，因答以此種醞釀猶如惡瘡，不如待其潰破出膿為佳，和外長深恐該偽組織在其轄區發生權力。頃據報該偽已成立，當將部電照會備文送和蘭外部，惟恰值星期六下午，和外部不辦公，仍約晤經濟司長面交該照會。該司長詢及汪兆銘能得民眾擁護否？泗告以汪已自絕於民眾，旋泗言本公使相信和政府對汪決不為法律上或事實上之成認，該司長答曰否，此次另簡新公使足以表示此意云云。原件內容已交報紙發表。再二五〇號電亦經遵照辦理。泗。

附註：二五〇號去電，修正通電稿事，電報科謹註。

公使館海牙來電

民國二十九年四月三日

重慶外交部。二九二號，三日。二百九十一號電計達，頃泗又晤和蘭外長，亦言本公使相信和蘭政府對汪決不為法律上或事實上之承認，和蘭外長曰否，亦引另簡新使為證，並詢及赴渝路線，當答以乘機最為便捷，倘循滇緬公路而往亦多興趣等語。公使館。

附註：二九二號來電，為南京偽組織事與和外長及司
　　　長晤談，並面交我國照會由。電報科謹註。

（四）比利時
錢大使不魯塞爾來電

民國二十九年三月二十八日

重慶外交部。四七二號，二十八日。自由報社論斥汪甘為中國哈嘉，蓋無論何人不信日本新秩序，除以中國為附庸外有何其他意義，此次偽中央與以前中國內戰兩政府對立不同，因其純為外人槍桿保護成立之政府，以過去抗戰經驗，中國必不至為日本殖民地。泰。

錢大使不魯塞爾來電

民國二十九年三月二十八日

重慶外交部。四七一號，二十八日。義新大使來晤，談及遠東事，告以義大使久駐上海，恐不免為日本宣傳所矇蔽，彼謂義大利對於中、日並無偏袒，不過希望早日和平，告以和平決非組織偽政府所能獲得，詢以歐戰有無和平希望，彼謂雙方意見相離太遠，希、墨面晤，希

氏已決定以兵力決勝疆場，殊屬可惜，詢以義恐將牽入
漩渦，彼謂此事關鍵在英、法，假使英、法相逼太甚，
例如最近德煤事件，義國勢難坐視。泰。

錢大使不魯塞爾來電

民國二十九年四月三日

重慶外交部。四七六號，三日。國聯報社評，英、法在
歐戰期內，對於日本無東顧之憂，實受中國抗戰之賜，
日本設偽政府完全係一種滑稽劇，然對於日本有引起與
民主國惡化危險，日本如真有意與中國言和，惟有在尊
重獨立行攻完整條件下，與重慶謀諒解。泰。

（五）丹麥
吳公使哥本哈根來電

民國二十九年四月二日

重慶外交部。一七五號，二日。否認偽組織照會，三月
三十遞送丹外部。昨日會晤丹外長復加申述，並詢丹政
府態度，彼答丹政府對於中國偽組織向持不承認主義，
今後當繼續不變，並稱並未接到偽組織通知，如有亦當
置之不理等語。吳南如。

吳南如哥本哈根來電

民國三十年八月十六日

重慶外交部。二二七號，十六日。丹外次頃約晤談，彼
謂丹政府已決定承認偽滿與南京偽組織，承認通知即將
發出，特奉命通知閣下等語。南如告以當電陳本國政

府，俟訓令到後，再行正式答覆。但可預告者，本國政
府將以丹政府此舉為極不友誼，而將與之斷絕外交關
係。此項步驟，中國當局早有宣言在前，並經實行有
案。丹外次對此頗表疑駭，並稱丹政府出於此舉，係一
種政治發展之結果，南如告以丹政府承認中國人民所不
齒之偽組織，無形自絕於全中國民族，必有後悔之一
日。丹外次表示極抱歉之態度，傾聽南如發言。最後南
如刺探最近時局，彼謂現以私人資格談，個人對此極為
遺憾云云。竊查丹政府此舉完全出於德國壓迫，丹外次
雖未明白表示，業已隱約透露，南如於七月四日二二三
號電內稱，關於南京偽組織，丹政府未必自動承允，但
若德國加以壓迫，丹政府恐難拒絕等語，不幸言中。聞
丹政府對於南京方面無論派遣任何代表，其現在駐華公
使亦無更動，謹電奉聞。並祈續發宣言。南如。

附註：二二三號來電，丹麥外交事事即承德國意旨，
　　　承認汪偽事，若德施以壓力，恐難拒絕由。電
　　　報科謹註。

（六）墨西哥
譚紹華墨西哥京城來電

民國二十九年三月三十日

重慶外交部，二二九號，三十日。南京偽組織今晨得悉
業已成立，經即遵照鈞電照會墨外交部長，適因該部長
昨日赴美，經於十二時往晤次長，會談一時十五分，詳
述我國抗戰堅強，日寇侵略失敗，偽組織係日本傀儡，
希圖矇混，汪逆等賣國，全民共棄，並對於墨政府主持

正義及其代表在國聯發表言論表示謝意，據答稱，貴公使照會自當轉呈總統核示緩即行照復，本人對於中國抗戰素表同情，且墨政府向來反對侵略，對於侵略者用武力所組織之政府，決不予承認等語。又本館業將鈞電譯成西班牙文送交各報發表。華。

第六節　軸心國家承認汪政權

一　德國

陳大使柏林來電

民國二十九年十一月三十日

重慶外交部，一三三九號，卅日。即譯並請即呈委座鈞鑒：日汪偽約簽佈後，日自承為非和約，且首標防共與華北內蒙駐兵各點，明為對俄而發，與德現時聯蘇政策不符，亦與其為日向蘇說合之旨有悖。德知底蘊必痛斥。外長已電命通知報紙弗加評論，並授意義大利採同一步驟，故各晚報除德意志通報外，僅於後幅略加記載，德為東南歐關係正欲與蘇親善，蘇態度若何，足轉移德方管見，我宜極力聳蘇對偽約痛斥攻擊，俾日力膽寒，德不致輕動。介已以此意電達邵大使，謹乞採納。德外長聞須星期一日回柏林，並聞。我方此次宣言或談話要點，均祈電示。介叩。

陳大使柏林來電

民國二十九年四月四日

重慶外交部。一一七九號，三日。汪偽成立後，德報甚冷靜，DNB及海通社各發一次簡短消息，各報多未登

載且無一評論,亦未照向例引義報意見代己發言。英、美對汪不承認消息反有登載者。聞朝日新聞特派員往宣傳部質問,以游詞答之,德報完全受政府統制,於此可見其意志所在。介。

陳大使柏林來電

民國三十年六月二十七日

重慶外交部。一五〇一號,二十七日。極密急。頃聞可靠密訊,汪偽聘日後,繼以德俄戰事,松岡因曾訂立日俄中立條約頗受攻擊,日政府將於七月一日發表宣言,表示態度,為鞏固政府立場,維持軸心政策計,要求德即承認汪偽以為宣言根據。聞德外長已內定照辦,日內即將實現。因外交部長未在柏林,介已約外次請定時晤談,擬根據王部長去年十一月卅日聲明,請其慎重,但恐難望有效,謹先電聞。介。

附註:十一月卅日去電,部長英文聲明。

劉司長會晤德大使館裴參事談話紀錄

民國三十年五月二十八日

時間:民國三十年五月二十八日上午九時卅分

地點:本部

事由:關於汪偽組織事

劉司長: 據報日本正與德、義交涉承認南京偽組織問題,貴館方面當有消息。

裴參事: 並無所聞,未知此項消息自何處傳來。

劉司長: 據中國駐羅馬尼亞使館報告,羅京「Europa

Presse」有此項記載，同時，上海日本領事館方面傳出之消息，亦謂現在東京之德國經濟代表團除討論德、日合作問題外，並談及德國承認汪偽政權之問題。

裴參事：據本人所知，德國政府無考慮承認南京偽組織之事。近數月來政府來電，亦未提及此項問題。憶今春曾與朱家驊先生談過，本人奉命常川駐在重慶，並於南岸設立辦公處所，所費實在不少，其用意，即在維持德國與中國之友誼。承詢一節，當去電柏林詢問。

劉司長：本人奉命提醒閣下並請轉達貴國政府，務請注意上年十一月三十日本部王部長之聲明。

裴參事：自當照辦。

陳大使柏林來電

民國三十年六月三十日

急。重慶外交部，一五〇六號，卅日。頃聞其發表形式，將由外長電汪在南京領導之國民政府，願在短期內與生外交關係，不提重慶一字，並囑新聞界弗攻擊我方，蓋因此舉為維持松岡地位，免日發生政變，動搖同盟基礎，對我猶不無歉意。義大利將同時發表，此外在同盟內各小國亦將繼起。介。

駐莫斯科大使館來電

民國三十年七月一日

重慶外交部，二一二〇號，一日。聞德國定今日承認汪

偽，此當為德、日積極合作之徵兆。德國正以全力攻蘇，必促日本協同動作，日本或亦先攻蘇再南進，中央所得消息乞隨時電示。又汪逆赴日結果亦乞酌示。大使館。

二　義大利

劉司長會晤義使館師秉乃札代辦談話紀錄

民國三十年五月二十八日

時間：民國三十年五月二十八日下午四時十分

地點：本部

事由：關於汪偽組織

劉司長：據各方消息，日本現在與德、義交涉承認南京偽組織問題，貴館方面，當有消息。

師代辦：此事曾於日本廣播中得悉，但知此事並無新發展。近來內人病勢甚重，本人擬伴同離開重慶就醫，曾電政府請示，得復，不久將另派一人來此替代，可證本國政府並無此意。

劉司長：本人奉命提醒閣下並請轉達貴國政府注意上年十一月三十日本部王部長之聲明。本日上午，德國大使館裴雷生參事來部，已請其注意此事，渠允去電柏林詢問。

師代辦：自當照辦。

徐道鄰羅馬來電

民國三十年七月一日

重慶外交部，二六一號，三十日。今早義政府宣佈正式

承認汪偽組織，職負責三年，終無成就，乞賜處分，以儆不能。職徐道鄰。

三 羅馬尼亞
梁龍布庫累斯多來電

民國三十年七月一日

重慶外交部。一二七號，一日。今日羅外部面告羅政府為與德、義政府一致行動起見，已於今日正式承認汪偽等語，除已正在提出抗議以外，對羅政府應有如何行動，乞電示遵。龍。

附註：此電遲到以向此間電局查詢，謹轉附陳。電報
　　　科謹註。

四 西班牙
李公使里斯本來電

民國三十年七月三日

重慶外交部。一三〇號，三日。昨西政府承認南京偽組織，但尚未正式通知葡政府取消代管我國在西僑務事，今後過西簽證，葡政府仍願協助。綸。

五、法國維希（琪）政權
郭則范維琪來電

民國三十年七月四日

重慶外交部。三八七號，四日。三八六號電計達，防阻法方承認偽組織事，連日與法外部及美大使館談話。又聞將提醒殖民部注意，似易獲相當效果。頃亞洲司長

密告:(一)該司已將此事利害轉呈元首及副總理。
(二)殖民部方面態度亦甚堅決。(三)戈大使及駐滬
法總領事均有電來,主張不承認偽組織。(四)美大使
昨派參事見法外部政務處長告以美方態度,並希望法方
能堅持,彼意視法方各負責機關主張一致,法政府對遠
東政策一時不致改變云。郭則范。

附註:三八六號來電,派謝參事往亞洲司探詢德義承
　　　認汪偽事。電報科謹註。

郭則范維希來電

民國三十年八月七日

重慶外交部。四一三號。七日。法暫代外長 Lagarde 招
謝參事往訪,密告日使又來要求承認寧偽,已被拒絕。
該使請見達浪部長,適部長尚在巴黎,須俟返維希後再
定約會。此事有急轉直下之勢,法外部主目前狀況極願
堅持拒絕,惟為避免日方壓迫,且恐難於抵抗起見,已
於昨晚電令駐華法大使向鈞部說明法方立場,並懇中國
政府飭魏暫時展緩到任日期,此舉目的係在拖延時日,
以待國際變化,望我諒解,請本館再善為解釋等語,
恐係承認偽組織之先聲,我方應如何應付,懇酌奪示
遵。范。

六　附錄

附錄:偽組織的演變

李捷才　民國二十七年九月三十日

　　最近偽組織有一極大之變遷,一為北平偽中華民國

臨時政府與南京偽中華民國維新政府之聯合，而成立之偽中華民國政府聯合委員會，一即北平偽政府組織大綱之修正。此與偽察南、晉北及蒙古三自治傀儡組織所合組之偽蒙古聯盟自治政府之作用，完全相同，目的在促我國之分裂。

甲　偽聯合委員會

　　偽聯合委員會，置委員六人，由南北兩偽組織，各半指派，就中推定一人為主席，並各推一人常川駐平辦事。偽委員會設事務部置部長一人，事務部分設秘書廳及政務處，分別置廳長及處長各一人。所有南北兩偽組織關於政府共通之事項，均由此偽委員會商議。業於本月二十二日在北平中南海公園正式成立，到全體委員及各部分負責人員，日本方面到寺內司令官代表喜多少將及堀內參事官等，由王克敏主席報告開會意義，其他參加人員，均不免有一場演說，而日本方面，更不免推波助浪，大事鼓吹。

（一）偽委員會主要人員

偽委員會之主要人員如下：

主席委員　王克敏

　　委員　王揖唐

　　　　　朱琛（以上係北平所推）

　　　　　梁鴻志

　　　　　溫宗堯

　　　　　陳羣（以上係南京所推）

事務部長　陳籙

秘書廳長　李宣威

政務處長　夏奇峯

（二）王梁二逆之共同談話

　　二十日，王克敏與梁鴻志，共同發表談話如下：「臨時政府及維新政府為統一政務方面之共通事項，及促進新中央政府之成立，特設中華民國政府聯合委員會，臨時政府推王克敏、王揖唐、朱琛、維新政府推梁鴻志、溫宗堯、陳羣為委員，於二十二日在北平中南海正式成立，翌日舉行會議。關於該會今後所採之基本政策如下：

一、華中幣制之確立及華北、華中幣制之調整。

二、稅制改革，輸出制度之制定，其他財政政策之確立，以及輸出入稅率與關稅政策之合理的改正。

三、關於維持治安之軍事的聯繫。

四、津浦、京漢、隴海等交通路之調整及整備，通信郵務之統制。

五、以中、日、滿提攜為主旨之新外交政策之強化。

六、國民教育之根本的改革及教育行政之統一。

在此強力新機構下，所有重要政策之單一強化，實為促使政權沒落之一大壓力也。」

（三）東京朝日新聞之社論

　　關於偽聯合委員會之成立。二十一日東京朝日新聞載稱，聯合委員會結成之目的，一在將外交、稅務、教育、交通等有共同性質之一切事項，移歸管理，以謀兩政府之統合；一為準備新中央政府之成立，並留餘地

促使國民政府之參加。故謂為新中央政府之準備機關亦可，謂為中央代行機關亦無不可。因聯合政府之成立，並可將中央與地方之權限自行劃分，對於地方，視其特殊情形，予以高度自治，此尤為暗示新中國將來所取之方向云。

（四）日本當局之談話

二十二日，北平日當局發表談話內稱：「日本極力援助本委員會以打倒蔣政權，並更願為新中國之福利及東亞之和平共同努力。而中國朝野有識之士，凡願此新興中國之更生與發展者，亦必一致贊助本聯合會，深信本會之組織，今後必更強化，而更見發展」云。

（五）第一次會議

偽聯合會於二十二日正式成立，二十三日即舉行第一次會議，到全體委員及事務部長陳籙等，決議下列各項：

一、今後聯合委員會應行採擇之共通問題。

二、議事及進行計劃。

三、第二次會議之時日與地點。

乙　偽北平臨時政府

偽臨時政府中，最重要部分之偽行政委員會，亦已修正其組織，並於十九日公布施行。而偽行政委員會，仍定為偽臨時政府之最高機關。其應經該會之決議者，為下列各項：

一、提出於偽議政委員會之法律案。

二、提出於偽議政委員會之豫算、決算案。

三、提出於偽議政委員會之關於宣戰、媾和、條約
之締結案。

四、關於特赦、減刑及復權事項。

五、關於所屬各機關簡任官之任免事項。

六、其他應經本委員會之決議事項。

　　偽行政委員會分設內政、財政、治安、法制、教育
及實業六部，另設外務、交通二局，及審計、調查、情
報三處，直轄管理，此外並得置顧問、參謀及諮議等。

　　關於此項組織之修正，其中有二事應予注意者，
即：（一）將向屬偽行政部總長王克敏管轄下之財務、
行政，另設財政部，予以主管，而以汪時環任該部總
長，王克敏則專任該委員會委員長之職，（二）在財
政方面，於偽行政委員會決議事項中，增添豫算決、
算二項。

民國史料 21

近代中日關係史料彙編：
偽組織的建立與各國態度

Historical Documents on Modern Sino-Japanese
Relations: The Creation of the Puppet Chinese
Governments and the International Response

編　　者　民國歷史文化學社編輯部
總 編 輯　陳新林、呂芳上
執行編輯　林育薇
美術編輯　溫心忻

出 版 者　 開源書局出版有限公司

　　　　　香港金鐘夏慤道 18 號海富中心
　　　　　1 座 26 樓 06 室
　　　　　TEL：+852-35860995

　　　　　民國歷史文化學社有限公司

　　　　　10646 台北市大安區羅斯福路三段
　　　　　　　37 號 7 樓之 1
　　　　　TEL：+886-2-2369-6912
　　　　　FAX：+886-2-2369-6990

銷 售 處　源流成文化股份有限公司

　　　　　10646 台北市大安區羅斯福路三段
　　　　　　　37 號 7 樓之 1
　　　　　TEL：+886-2-2369-6912
　　　　　FAX：+886-2-2369-6990

初版一刷　2020 年 3 月 31 日
定　　價　新台幣 370 元
　　　　　港　幣 100 元
　　　　　美　元　14 元
I S B N　978-988-8637-58-4
印　　刷　長達印刷有限公司
　　　　　台北市西園路二段 50 巷 4 弄 21 號
　　　　　TEL：+886-2-2304-0488